ARENA BIBLIOTHEK DES WISSENS

AKTUELL

Gerd Schneider, Jahrgang 1942, arbeitete als Journalist und Redakteur und schreibt Romane und Sachbücher für Jugendliche, darunter – zusammen mit Christiane Toyka-Seid – ein Politik-Lexikon für Kinder. Außerdem ist er Autor von Fernsehdrehbüchern und Hörspielen. Im Arena Verlag erschienen von ihm *Kafkas Puppe* (06081) und *Bauer, Dame, König – Matt! Ein Schachkurs für Einsteiger* (05993).

Volker Fredrich, geboren 1966, wuchs bei Bad Segeberg auf und studierte ab 1990 an der FH Hamburg Gestaltung mit dem Schwerpunkt Kinderbuchillustration. Seit 1996 ist der inzwischen zweifache Vater für zahlreiche Kinder- und Schulbuchverlage tätig.

Gerd Schneider

Politik

Arena

Inhalt

Einleitung

Die Geschichte von Robinson Crusoe kennt fast jeder: Der Mann erlitt Schiffbruch, strandete auf einer einsamen Insel und verbrachte dort mehrere Jahrzehnte abgeschnitten von der Welt, bevor er gerettet wurde.

Vielleicht sehnt sich mancher von uns nach so einem Leben: einsame Insel, Sand, Sonne und vor allem kein Ärger mit anderen Menschen. Robinson Crusoe brauchte niemanden und keiner konnte ihm auf die Nerven gehen. Die meisten von uns „normalen" Menschen wissen dagegen schon beim Aufstehen, dass sie nicht allein sind. Bruder, Schwester, Eltern hört man im Haus. Jemand nervt mit dem Ruf „Zeit für die Schule!". Draußen treffen wir auf viele Leute, Autos fahren, der Bus kommt, die Straßenbahn. Wir steigen mit anderen Menschen ein und aus. Der Verkehr funktioniert nach Regeln. Das ist alles selbstverständlich für uns, ebenso wie die Schule und die anderen Dinge, die zu unserem gewohnten Leben gehören: Kleidung, Essen, Trinken, Autos, Fahrräder, Ärzte, Beruf und Urlaub.

Über all das denken wir meist nicht groß nach, ebenso wenig wie über das Land, den Staat, in dem wir leben. Und über die Politiker und die Politik, die in diesem Staat gemacht wird. Man redet vielleicht mal darüber, meistens wird geschimpft.

Aber was ist Politik genau? Fast alles in unserem täglichen Leben hat damit zu tun. Sie beeinflusst unseren Alltag, ob es uns gefällt oder nicht. Auch wenn wir sagen: „Ich will mit Politik nichts zu tun haben!"

Tatsächlich kann es sehr spannend sein, sich mit Politik zu beschäftigen: Herauszufinden, wie sie funktioniert, zu untersuchen, wie unser Leben mit politischen Fragen zusammenhängt, wie das Land beschaffen ist, in dem wir leben, und wie wir selbst ein bisschen Politiker sein können.

# Was ist Politik?

Ein Dummkopf, wer sich nur um sich selbst kümmert!

Vor über 2 500 Jahren: ein großer Platz, eine Menschenmenge. Männer in wallenden Gewändern stehen in Gruppen beieinander, diskutieren aufgeregt. Rufe hallen in den Säulengängen am Rand des Platzes wider. Ein Redner ist auf eine Mauer gestiegen und versucht, sich Gehör zu verschaffen. Die Bürger der griechischen Stadt Athen hören aufmerksam zu.

„Männer der *polis*, schweiget nun still und höret meine Rede!", ruft der Mann auf der Mauer und breitet die

Als die Landbevölkerung im griechischen Altertum allmählich anwuchs und aus Dörfern Städte wurden, nannte man diese *polis,* ihre Bewohner *politis.* Das bedeutete so viel wie „diejenigen, die sich um die Polis (also um den Staat) kümmern". Sie bestimmten die Geschicke ihrer Stadt selbst. Das Wort Politik, das sich davon ableitet, ist also **die Kunst, alles zu regeln, was zu einem geordneten Zusammenleben der Bürgerinnen und Bürger führt.** Diejenigen, die sich damit beschäftigen, sind die Politiker.

Arme aus. „Seid euch bewusst, dass jeder von uns die Pflicht hat, sich um das Gemeinwesen zu sorgen."

Unruhe entsteht in der Menge. „Wir lassen uns nichts von dir vorschreiben, Solon!", schreit jemand in der vorderen Reihe und versucht, den Mann von der Mauer zu zerren. Es kommt zu einem Gerangel, aber der Redner lässt sich nicht beirren. Laut tönt seine Stimme über den Platz:

„Der Götter Wohlgefallen wird ruhen auf euch, wenn ihr die Gesetze achtet, die ihr euch selber gebt. Das Böse wird weichen, denn die Gesetze sind für alle da – und was dem Einzelnen dient, dient allen, und was allen dient, ist gut für den Einzelnen! Ihr selbst sollt es sein, ihr freien Bürger der *polis,* welche die Gesetze machen, nach denen ihr zu leben wünscht – niemand soll mehr über euch stehen!"

„Solon ist ein Verrückter!", ruft jemand. Die Bürger sollen nach eigenen Gesetzen leben?

„So erscheinet in jedem ersten Viertel des Mondes auf diesem Platze", ruft der Redner, „mit der Götter Hilfe wollen wir dann alle für unsere *polis* wichtigen Fragen besprechen."

„Es reicht", unterbricht ihn mit lauter Stimme der Kaufmann Klaistos, „ich kann meine Zeit nicht hier auf dem Marktplatz verschwenden. Ich habe Wichtigeres zu tun."

„Sage uns, oh Klaistos, gibt es Wichtigeres, als sich um das Wohl aller zu bemühen?", erwidert Solon gelassen.

Dem athenischen Staatsmann und Dichter **Solon** (um 640–561 v. Chr.) gelang es als *archon* (so hießen die von den Bürgern gewählten Schlichter), die Kämpfe zwischen dem herrschenden Adel und den Bauern zu beenden. Solon war einer der ersten demokratischen Denker in der Geschichte der Menschheit. Er schuf Gesetze, die den Bürgern von Athen das Recht gaben, in der Politik mitzuwirken.

„Wer nicht weiter sehen kann als bis zum Ende des eigenen Schattens – wer nur im Sinne hat sein eigenes Wohl –, der ist ein Dummkopf!"

Je besser es der Gemeinschaft geht, umso besser geht es mir

Politik wurde vor 2 500 Jahren selbstverständlich anders gemacht als heute. Sie hat aber immer noch dieselbe Funktion wie damals: Sie dient dazu, das Zusammenleben der Menschen zu regeln, sodass alle gut miteinander auskommen können, ohne dass dabei der Einzelne mehr als nötig beeinträchtigt wird. Dabei gilt: Je besser es der Gemeinschaft geht, umso besser geht es natürlich mir.

In den Volksversammlungen der antiken griechischen Stadt-staaten (neben Athen waren die größten Korinth, Theben, Argos, Korkyra und Sparta) hatte jeder Bürger das gleiche Stimmrecht. Einmal im Jahr wurde durch Wahl oder Los über die wichtigsten Ämter entschieden. Für die Bürger war es Pflicht, an den Versammlungen teilzunehmen. Frauen, Sklaven oder Fremde durften sich aber an der Politik nicht beteiligen. Insofern ist die athenische Staatsform noch nicht die Demokratie, die wir heute kennen, in der gleiches Recht für alle herrscht.

Viele Menschen sind jedoch der Meinung, Politik sei nur für die Reichen da: „Die Politiker denken nicht an mich, sondern nur an ihren eigenen Gewinn. Sie tun eh, was sie wollen, und streiten viel mehr, als wirklich Probleme zu lösen."

Wer davon überzeugt ist, will mit Politik nichts zu tun haben, kümmert sich lieber um sich selbst. Ihn würde einer der Ur-väter der Demokratie, der Grieche Solon, als Dummkopf be-schimpfen. „Geh zur Volksversammlung", würde er sagen, „kümmere dich um die *polis,* wähl dir andere Politiker, wenn dir die jetzigen nicht gefallen!"

„Volksversammlung" – „Kümmert euch um euren Staat" – „Wählt euch die richtigen Leute" – Stichworte, die mit Demo-kratie[*] zu tun haben. Sie spielt heute in fast allen modernen Staaten eine entscheidende Rolle. Aber hat Politik immer mit Demokratie zu tun?

Zum Wohle des Volkes – verschiedene Staats- und Regierungsformen und politische Lehren

Republik und Demokratie

Die Politik hat eine sehr lange Entwicklungsgeschichte. Die Griechen „erfanden" für ihre *polis* die politische Ordnung der **Demokratie,** die Römer etwa im gleichen Zeitalter die Staatsform der **Republik***. An der Gestaltung der römischen Politik konnte nur eine bestimmte Schicht der Reichen mitwirken. Dennoch, es sollten nicht mehr die Götter, nicht mehr Könige und Fürsten über das Schicksal der Menschen bestimmen, sondern die Bürger selbst.

Die römische Republik leiteten über Jahrhunderte der Senat (etwa 300 Vertreter aus reichen herrschenden Familien) und Beamte, die für zwei Jahre gewählt wurden. Das höchste Amt war das Konsulat. Die Konsuln waren verantwortlich für Heeresführung, Finanzwesen und Rechtsprechung. Alle Amtsträger wurden vom Senat und von einer Volksversammlung kontrolliert.

Kennzeichnend für die Staatsform der **Republik** (vom lateinischen *res publica* = „Gemeinwesen") ist, dass das Staatsoberhaupt für eine bestimmte Zeit gewählt wird. Der Gegensatz

dazu ist die **Monarchie,** in der ein „Alleinherrscher" (das bedeutet Monarchie im Griechischen) die Herrschaft ausübt und
sie wie zum Beispiel in Königshäusern durch Erbrecht innerhalb seiner Familie weitergibt.

Eine Republik ist aber nicht unbedingt demokratisch. Die römische Republik war keine Demokratie, denn viele Bevölkerungs-
gruppen waren von der politischen Mitwirkung ausgeschlos-
sen; nur die Reichen durften wählen und gewählt werden.

Das widerspricht dem Prinzip der **Demokratie,** in der alle
Menschen gleich und frei sind und auch gleiche Mitbestim-
mungsrechte haben. Die Demokratie ist eine Herrschafts- und
Regierungsform. Der Begriff bedeutet im Griechischen „Herrschaft des Volkes". In der Demokratie geht die Staatsgewalt
also vom Volk, und zwar vom ganzen Volk, aus: Alle Bürgerinnen und Bürger wählen für eine bestimmte Zeit Vertreter,

| Senatsdebatte im alten Rom

Personen und Parteien, von denen sie regiert werden wollen. Der Staat und seine Regierung sind an geltende Gesetze und die Verfassung[*] gebunden.

In einer parlamentarisch-demokratischen Republik wie in Deutschland wird der Regierungschef vom Parlament gewählt, das wiederum vom Volk gewählt ist. Das Staatsoberhaupt, der Bundespräsident[*], wird nicht direkt von der ganzen Bevölkerung, sondern von einer Vertretung des Volkes gewählt. In einer präsidialen Demokratie wird das Staatsoberhaupt, normalerweise ein mit viel Macht ausgestatteter Präsident wie in Frankreich oder in den USA, direkt von der Bevölkerung gewählt.

Bundesrepublik Deutschland, Französische Republik, Republik Polen, Republik Österreich, Volksrepublik China, Deutsche Demokratische Republik – viele Staaten der Welt tragen oder trugen den Namen Republik. Das heißt aber nicht, dass sie es auch tatsächlich sind. Hinter diesem Aushängeschild können sich Diktaturen verstecken, in denen nur eine Partei oder ein ohne Wahlen an die Macht gekommener Diktator das Sagen hat anstatt einer demokratisch gewählten Regierung, die nur auf Zeit im Amt ist und auch wieder abgewählt werden kann. In Staaten wie China oder der früheren DDR und Sowjetrepublik gibt oder gab es keine freien Wahlen mit mehreren Parteien und ihren Kandidaten, was aber ein Grundprinzip der Demokratie ist.

„Der Staat bin ich!" – „Ich bin der erste Diener meines Staates!"

Die Staatsformen der Griechen und Römer gerieten in Europa nach dem Untergang des Römischen Reiches (5. Jh. n. Chr.) in Vergessenheit. Für lange Jahrhunderte herrschten Könige (Monarchen) in den europäischen Ländern. Ihre Politik war die Sicherung ihrer Macht. Das Volk lebte oft in großem Elend, zahlte Steuern und musste für Kaiser, Könige und Fürsten in den Krieg ziehen. Der Anspruch der Herrschaftsfamilien war

absolut, denn sie fühlten sich von Gott eingesetzt. Diese Politik konnte demnach nur gut sein, denn wer wollte bezweifeln, dass Gott es gut meinte? Die Untertanen waren zu absolutem Gehorsam verpflichtet. „Der Staat bin ich!" lautete der berühmte Ausspruch des französischen „Sonnenkönigs" Ludwigs XIV. (1638–1715), der als Inbegriff eines absolutistischen Herrschers gilt.

Der „Sonnenkönig" Ludwig XIV. – „Der Staat bin ich!"

Anders als der „Sonnenkönig" formulierte der preußische König Friedrich II. („Friedrich der Große"), der von 1740 bis 1786 regierte, den Leitspruch seiner Politik: „Ich bin der erste Diener meines Staates." Friedrich war ein fortschrittlich eingestellter Herrscher und versuchte, das Leben seiner Untertanen zu verbessern. Es kam zu einer Reihe von Reformen, vor allem im Rechtswesen. Aber die Macht in Preußen wie auch in den meisten anderen Ländern Europas lag nach wie vor und noch lange Zeit uneingeschränkt in den Händen der Herrschenden und damit war es eine Politik des Absolutismus. Das Volk konnte nur hoffen, einen Herrscher zu haben, der sich um das Gemeinwohl kümmerte.

Auch heute noch gibt es eine ganze Reihe von Monarchien. Allerdings haben die Königsfamilien, zum Beispiel in Spanien oder England, meist keine politische Macht mehr, sondern die Monarchen sind nur noch Repräsentanten ihres Landes nach außen. Eine frei gewählte Regierung und ein frei gewähltes Parlament bestimmen die Politik. Man nennt diese Staatsform eine parlamentarische Monarchie.

Diktaturen

Auch nachdem der Absolutismus ausgedient hatte, gab und gibt es bis heute nicht demokratische, das Volk unterdrückende Politik. In den großen Diktaturen[*] des 20. Jahrhunderts wurden die Menschen brutal beherrscht und alle Lebensbereiche einer totalen Kontrolle unterworfen, wie im Nationalsozialismus* in Deutschland unter Adolf Hitler (1889–1945), im faschistischen* Italien unter Benito Mussolini (1883–1945) oder im kommunistischen* System der Sowjetunion unter Stalin (1878–1953) und nach ihm unter anderen Sowjetführern. Auch die bis 1990 bestehende Deutsche Demokratische Republik* war eine Diktatur. In ihr herrschte eine Partei, die Sozialistische Einheitspartei Deutschlands (SED). Widerstand wurde bestraft, es gab keine Meinungs- oder Reisefreiheit und keine freien Wahlen.

Diktatur ist also genau das Gegenteil von Demokratie. In dieser Staatsform bestimmt nicht die Mehrheit des Volkes. Die Macht hat eine einzelne Person oder eine Partei. Sie macht eine Politik, die nur darauf ausgerichtet ist, diese Macht zu erhalten und jede Gegenmeinung mit Gewalt, das heißt mit Terror und Unterdrückung, auszuschalten.

Die Diktatoren Benito Mussolini und Adolf Hitler

Politische „ismus"-Lehren

Neben dem Nationalsozialismus haben einige weitere politische Lehren mit der Endung „-ismus" die Staaten und Gesellschaftssysteme der jüngeren Geschichte geprägt. So standen sich kapitalistische[*] und kommunistische[*] Staaten über Jahrzehnte im sogenannten Kalten Krieg[*] als Feinde gegenüber.

Im Kapitalismus besitzen nur wenige Menschen das „Kapital": Geld, aber auch Maschinen, Fabrikhallen, Rohstoffe usw. Damit können diese Unternehmer arbeiten, Produkte wie Autos oder Lokomotiven bauen oder Banken gründen. Sie können Geld verdienen und ihr Kapital vermehren. Dazu brauchen sie Arbeiter.

Im besten Falle haben alle Beteiligten Vorteile vom Kapitalismus. Wenn jedoch der Lohn für die Arbeitsleistung zu niedrig ist, wenn die Menschen von den Besitzenden unterdrückt werden, kommt es zu Spannungen. Die Reichen werden immer reicher, die Masse der Menschen verarmt. So geschah es zum Beispiel im 19. Jahrhundert, als mit der rasanten Entwicklung der Technik immer mehr Menschen vom Land in die Städte zogen, Industriearbeiter wurden und von den Kapitalisten gnadenlos ausgebeutet wurden. In modernen kapitalistischen Industriestaaten wie Deutschland sollen Gesetze das Wirtschaftsgeschehen steuern, um so die negativen Seiten des Kapitalismus zu verhindern.

Letztlich beförderte die Ungerechtigkeit und Ungleichheit im Kapitalismus die Entwicklung der kommunistischen Lehre, de-

Jubel nach dem Sieg der Kommunisten unter Mao Zedong im Jahre 1949. Unter der Herrschaft der kommunistischen Partei wurde die Volksrepublik China zu einer Diktatur.

ren Grundideen bereits in der Antike auftauchten. Danach gehört allen Menschen alles gemeinsam (lateinisch *communis)*, was man zum Leben braucht: Häuser, Maschinen, Geräte, Felder, aber auch Pflanzen und Tiere. Es sollen nicht wenige Besitzende über viele, die Arbeiter, herrschen und diese ausbeuten. Eigentlich klingen die Ideen des Kommunismus und des Sozialismus[*], der sich ebenfalls im 19. Jahrhundert entwickelte und sich teilweise als Vorstufe zum Kommunismus verstand, sehr gut. Bisher gelang es aber nicht, demokratische und freiheitliche Staaten auf ihrer Grundlage zu führen. Sie entwickelten sich zu Diktaturen. Es gab keinerlei demokratische Rechte, kommunistische oder sozialistische Parteien herrschten und den Menschen wurden jegliche Freiheiten genommen.

Die beste aller Staatsformen?

Grundgesetz Artikel 20.2: „Alle Staatsgewalt geht vom Volke aus. Sie wird vom Volke in Wahlen ... ausgeübt."

Das bedeutet: Das Volk ist in der Bundesrepublik Deutschland der **„Souverän"**. Damit bezeichnet man den unumschränkten Herrscher eines Landes. Früher waren das Kaiser und Könige. In den modernen Demokratien geht vom Volk alle Macht im Staate aus.

Idealerweise sollte die Politik das Zusammenleben der Menschen so regeln, dass sie – vereinfacht gesagt – nicht in ihren Freiheiten und Grundrechten eingeschränkt werden. Bietet das die Demokratie?

ALLE MACHT DEM VOLKE

Aus der Talkshow „Aktuelle Diskussion"

TV-Diskussionsrunde mit den Abgeordneten Dr. Irene Fux und Friedhelm Walter und Zuschauern zum Thema **„Demokratie, was bringt sie uns?"**.

Moderator Gehrmann (verzweifelt): „So lassen Sie Frau Dr. Fux doch einmal ausreden, Herr Walter!"

Walter: „Ich kann diese Kritik an der Demokratie nicht mehr hören! Jeder weiß, dass sie die beste aller Staatsordnungen ist. Oder kennen Sie eine andere, in der alle Menschen über ihr Schicksal mitbestimmen können?"

Fux: „Man muss aber auch feststellen, dass sich in der Demokratie viele unterordnen müssen, die anderer Meinung sind als die Mehrheit."

Walter: „Das ist nun mal das Mehrheitsprinzip der Demokratie. Und es ist sicher besser, die Interessen und Wünsche ganz vieler zu bedienen, als nur wenige zufriedenzustellen."

Zuschauer: „In der Mehrheit ist auch mehr Dummheit als in der Minderheit!" *(Lacher im Publikum)*

Walter: „Bitte, das ist doch reinste Haarspalterei!"

Fux: „Ich finde den Einwand des Herrn richtig. Schon der alte Grieche Sokrates befürchtete, dass in den Entscheidungen vieler letztlich der Einfluss von Eigennutz und schlechten Absichten überwiegt."

Walter: „Sollen wir die Demokratie deswegen abschaffen?"

An dieser Stelle zappen wir uns aus der Diskussion.

Es gibt nicht nur Pluspunkte für die Demokratie. Wenn eine Mehrheit über eine Minderheit bestimmt, gibt es immer Verlierer. In einer Demokratie haben sehr viele Leute mit eigenen Interessen, die nicht unbedingt dem Gemeinwohl entsprechen, etwas zu sagen. Überdies wird mitunter zu viel Rücksicht auf die Wähler genommen. Viele Politiker denken nur bis zur nächsten Wahl und nicht an die Zukunft; oft trauen sie sich nicht, notwendige, aber unangenehme Maßnahmen zu beschließen, die Wählerstimmen kosten könnten. Das alles kann man nicht ganz abstreiten, aber um mit dem Abgeordneten Walter zu sprechen: Sollen wir deswegen die Demokratie abschaffen, die das Grundprinzip unseres Staates ist? Weg mit der persönlichen Freiheit, der Meinungsfreiheit, der Freiheit, sich die Regierenden selber zu wählen, und weg mit dem Gesetz, an das wir uns alle und eben auch die Regierenden halten müssen? „Die Demokratie ist nicht vollkommen", gab der amerikanische Präsident John F. Kennedy (1917–1963) zu; dennoch kommt sie von allen Staatsformen unserem Ideal von einer gerechten politischen Ordnung am nächsten.

Die Ursprungsländer moderner Demokratien waren England und die USA, in denen es bereits im 17. und 18. Jahrhundert Verfassungen und Parlamente gab, in denen Mitbestimmung, Grund- und Menschenrechte festgeschrieben wurden.

Streifzug durch die deutsche Geschichte

Geschichte hat mit Politik zu tun und Politik mit Geschichte. Wie ist eigentlich das Land entstanden, in dem wir leben?

Die Anfänge

Die Bezeichnung „Deutsch" hörte man zum ersten Mal im 11. Jahrhundert. Das lateinische „regnum teutonicum" bedeutet übersetzt „Deutsches Reich". Offiziell hieß dieses Gebiet „Heiliges Römisches Reich" – römisch deshalb, weil es als Nachfolger des antiken Römischen Reiches gesehen wurde (ab dem 15. Jahrhundert fügte man den Zusatz „Deutscher Nation" hinzu). Der erste Kaiser war Karl der Große (748–814). Er wurde im Jahre 800 vom Papst in Rom gekrönt. Das „Alte Reich", wie es auch genannt wurde, lag zwar teilweise auf dem gleichen Gebiet wie das heutige Deutschland, politisch jedoch gab es keine Übereinstimmung. Es erlebte eine lange Abfolge von Kaisern und

Karl der Große, der erste Kaiser des Heiligen Römischen Reiches

Königen. Reste von Burgen, Schlössern, historische Stadtmauern und -kerne erinnern noch an diese Zeit.

Im Zeitraffer

Nach dem Zerfall des Heiligen Römischen Reiches 1806 blieb Deutschland in viele Einzelstaaten zersplittert. Im 19. Jahrhundert wurde Europa von Kriegen um Macht und Einfluss geschüttelt. Die Liste der Schlachten zwischen Preußen und Österreich um die Vorherrschaft in Deutschland ist lang, die Berichte über die Feldzüge Napoleons in Europa (Deutschland wurde zeitweilig „französisch") und die Kriege gegen unseren Nachbarn Frankreich füllen ganze Bücher.

Zwei wichtige Szenen dürften aber in einem historischen Film über die Entstehung des ersten Gesamt-Deutschland keinesfalls fehlen: Eine würde die erste deutsche Großdemonstration mit über 30 000 Teilnehmern für Freiheit und Demokratie 1832 auf dem Hambacher Schloss in Hessen zeigen. In der zweiten schleuderte der preußische König Friedrich Wilhelm IV. (1795–1861) im Jahre 1849 erbost einen Verfassungsentwurf zu Boden mit den Worten „Gegen Demokraten helfen nur Soldaten!". Den Entwurf hatten ihm die Abgeordneten der Nationalversammlung vorgelegt, die von 1848 an in der Frankfurter Paulskirche getagt und eine erste deutsche demokratische Verfassung ausgearbeitet hatten. Der König war aber nicht bereit, seine Macht mit dem Volk zu teilen – auch nicht im Tausch für die Kaiserkrone, die ihm angeboten wurde.

Es dauerte noch über zwei Jahrzehnte, bis die vielen deutschen Staaten schließlich zu einem Deutschland vereint wurden. Der Schluss des Films wäre die am 18. Januar 1871 in Versailles erfolgte Krönung des preußischen Königs Wilhelm I. (1797–1888) zum Kaiser und damit die Geburtsstunde des deutschen Kaiserreiches (historisch das „Zweite Reich").

Wirklich der Schluss? Oder sollte man noch einen Nachspann drehen, der in einigen Szenen das böse Erwachen vieler Deutscher zeigt? Denn das neue Reich war keine Demokratie: Der Kaiser und sein Kanzler Bismarck bestimmten die Politik, die gewählten Volksvertreter des Reichstages hatten nichts zu sagen und von demokratischer Politik war keine Rede.

Das Scheitern der Demokratie

1914 brach zwischen den europäischen Mächten der Erste Weltkrieg[*] aus. Deutschland verlor den Krieg, der letzte deutsche Kaiser Wilhelm II. (1859–1941) dankte 1918 ab. Nach dem Kriegsende 1918 folgten Wirren und Kämpfe zwischen unterschiedlichen politischen Richtungen. Schließlich wurde 1919 die Weimarer Republik gegründet: Zum ersten Mal gab es in Deutschland eine demokratische Regierungsform.

Dass sie scheiterte und die Nationalsozialisten[*] unter Adolf Hitler die Macht übernahmen, lag an den sehr harten Friedensbedingungen und der sich nach anfänglichem Aufschwung verschlechternden wirtschaftlichen Lage. Arbeitslosigkeit und Elend der Massen nahmen immer mehr zu. Hinzu kam, dass die Deutschen zu „obrigkeitshörig" waren und einfach noch nicht reif für freie Entscheidungen in einer Demokratie. Hitler, der ein Ende der Not versprochen hatte, wurde 1933 mit großer Mehrheit gewählt. Die Schreckensherrschaft des Diktators dauerte zwölf Jahre.

Angst, Terror und Vernichtungspolitik

Der Nationalsozialismus ist das dunkelste Kapitel in der deutschen Geschichte. Terror, Willkür und Gewalt herrschten. Der Zeitzeuge Gregor Koch, geboren 1921, erinnert sich:
„Noch heute höre ich in meinen Albträumen das ‚Führer be-

Massenkundgebung der Nationalsozialisten

fiehl, wir folgen dir!', das 1933 zum Leitmotiv fast aller Deutschen wurde. Die meisten waren, zumindest bis Kriegsbeginn 1939, mit der Politik der Nazis einverstanden, weil Hitler sie, wie sie glaubten, aus Chaos und Arbeitslosigkeit herausführen konnte."

Gregor Koch ahnte jedoch schon bald, dass dieses Regime nichts Gutes für Deutschland bringen konnte. Das Parlament[*] wurde völlig entmachtet, jeder Andersdenkende verfolgt, eingesperrt und verurteilt. „Der Verlust persönlicher Freiheit und Rechte war total."

Schon früh hatte Hitler in seinen Reden die Juden als Schmarotzer bezeichnet, die man aus dem öffentlichen Leben entfernen müsse. Das geschah nach und nach: Die Juden wurden aus ihren Berufen gedrängt, ihre Geschäfte mussten sie aufgeben. Nach Kriegsausbruch wurde eine grausame Vernichtungsmaschinerie in Gang gesetzt; eine jüdische Familie nach der anderen aus Gregor Kochs Stadtteil verschwand in den „Konzentrationslagern", wo Millionen Menschen systematisch ermordet wurden. „Alle haben zugesehen, wie sie abtransportiert wurden! Es soll bloß keiner sagen, er habe vom Schicksal der Juden nichts gewusst!"

Am 1. September 1939 gab Hitler den Angriffsbefehl auf Polen; der Zweite Weltkrieg[*] begann. Gregor Koch verbüßte zu diesem Zeitpunkt eine vierjährige Zuchthausstrafe wegen Hörens eines „Feindsenders". Er hatte sich im englischen Rundfunk über die Lage in anderen europäischen Staaten und in den USA informieren wollen.

Zwei deutsche Staaten

Sechs Jahre lang dauerte der furchtbare Krieg. Im Mai 1945 war alles vorbei. Insgesamt über 62 Millionen, mehr als in jedem anderen Krieg, hatten ihr Leben gelassen, viele andere ihre Heimat verloren. Die meisten Städte in Deutschland waren völlig zerstört.

Nun musste eine neue Staatsform für Deutschland gefunden werden: Eine Diktatur durfte es nie wieder geben!

Die vier Siegermächte USA, England, Frankreich und Sowjetunion, die das Land in vier Besatzungszonen aufgeteilt hatten, konnten sich jedoch über den Nachfolgestaat des Deutschen Reiches nicht einigen. Die drei ersteren begannen daher, in ihrem, dem westlichen Teil des einstigen deutschen Reiches eine Demokratie aufzubauen. Experten wurden beauftragt, das Grundgesetz* zu erarbeiten. Dessen feierliche Unterzeichnung am 23. Mai 1949 war die Geburtsstunde der Bundesrepublik Deutschland*. Hauptstadt des Staates war Bonn.

In Ostdeutschland hingegen entstand in der Besatzungszone der vierten Siegermacht, der kommunistischen Sowjetunion, der zweite deutsche Staat, die Deutsche Demokratische Republik (DDR)* mit der Hauptstadt Ostberlin – Westberlin war der Bundesrepublik zugeordnet und lag wie eine Insel in der DDR. Die Sowjetunion errichtete in der DDR ein sozialistisches System; beherrscht wurde das Land von der Einheitspartei SED. Eine Demokratie war es nur dem Namen nach. Die Menschen waren der totalen Kontrolle des Staates unterworfen.

Als sich die wirtschaftliche Lage zwischen 1950 und 1960 immer mehr verschlechterte und viele Menschen das Land verließen, ließen die Machthaber in Ostberlin ab dem 13. August 1961 die Berliner Mauer bauen, die Westberlin von Ostberlin trennte. In der Folgezeit wurde die gesamte DDR-Grenze mit hohen Zäunen, Wachtürmen und „Todesstreifen" mit Minenfeldern vollständig vom Westen abgeschottet. Nur unter Einsatz ihres Lebens konnten Flüchtlinge das Land verlassen.

Ein Ziel stand 40 Jahre lang im Mittelpunkt der Politik aller Bonner Regierungen: die Wiedervereinigung der beiden deutschen Staaten.

„Wir sind das Volk!"

Ein Montagabend im Oktober 1989. Über alle Fernsehschirme in Deutschland flimmert das Bild von spärlich erleuchteten breiten Straßen in Leipzig. Große Spannung liegt in der Luft, als sich aus der Dunkelheit eine breite Front von Demonstranten in den Lichtkreis der Laternen bewegt. Aus dem zuerst nur undeutlichen gleichmäßigen dumpfen Geräusch ist immer klarer der Ruf zu hören „Wir sind das Volk".

Diese „Montagsdemonstrationen" (es gab sie jede Woche auch in anderen Städten der ehemaligen DDR) markierten einen Wendepunkt in der jüngeren deutschen Geschichte: Die zunehmend miserable wirtschaftliche Lage der DDR, das Streben der Menschen nach mehr Freiheit und eine veränderte Weltlage führten dazu, dass das Regime in Ostberlin immer mehr unter Druck geriet. Schließlich brach das System zusammen, nicht zuletzt deshalb, weil die Schutzmacht Sowjetunion unter Michail Gorbatschow der Regierung keine Hilfe leistete. Die Grenze zwischen den beiden deutschen Staaten fiel. Eine friedliche Revolution hatte stattgefunden, kein einziger Schuss war gefallen.

Nach Verhandlungen der beiden deutschen Regierungen mit den vier ehemaligen Siegermächten wurde am 3. Oktober 1990 aus der DDR und der Bundesrepublik Deutschland wieder ein Staat. Seine Hauptstadt wurde Berlin, das im Krieg weitgehend zerstörte und von 1991 bis 1999 umgebaute Reichstagsgebäude wurde der Sitz des deutschen Parlaments[*].

Der 3. Oktober ist seit der Wiedervereinigung unser Nationalfeiertag.

Der Fall der Mauer am Brandenburger Tor, November 1989 – Tausende jubeln und feiern.

Grundmauern unseres Staates

Grundgesetz Artikel 20.1
„Die Bundesrepublik Deutschland ist ein demokratischer
und sozialer Bundesstaat."

Föderalismus – die Macht der Bundesländer

Unser Land ist ein Bundesstaat*. Er besteht aus 16 Ländern
(dieses Prinzip heißt Föderalismus). Diese Länder können
eine Reihe politischer Angelegenheiten selber regeln und
dürfen auch selbst Gesetze erlassen, soweit diese ihre eigenen Interessen betreffen. Ländersache sind zum Beispiel
Verwaltung, Finanzen, Polizeiaufsicht, Feuerwehr, Gemeinde-
ordnungen, Kultur- und Schulpolitik. Wer schon einmal von
einem Bundesland in ein anderes umgezogen ist, hat das am
eigenen Leib erfahren: In den verschiedenen Bundesländern
gelten ganz unterschiedliche Lehrpläne.
Jedes Bundesland hat ein eigenes Parlament, eine Regierung, an deren Spitze der Ministerpräsident als

Regierungschef steht. Die Abgeordneten für die Länderparlamente werden alle vier bis fünf Jahre gewählt.

Hat Berlin nichts zu sagen?
Bundesregierung und Volksvertretung

Aber sitzen die wichtigsten staatlichen Organisationen nicht in der Hauptstadt Berlin? Haben die gar nichts zu sagen? Natürlich gibt es sehr viele Entscheidungen, die kein einzelnes Bundesland angehen, sondern alle Deutschen. Dann geht es um Bundespolitik und die wird in Berlin gemacht – etwa Fragen der Außenpolitik: Mit wem verbündet sich unser Land, wo engagiert es sich, wohin werden deutsche Soldaten gehen? Das kann man nicht in einem Bundesland entscheiden. Dafür gibt es in der Bundesregierung* besondere Minister und Ministerinnen*,

I Debatte im Deutschen Bundestag

Was sind Bundestag und Bundesrat?

Der **Deutsche Bundestag** ist die gewählte oberste Volksvertretung der Bundesrepublik Deutschland, das deutsche Parlament mit Sitz in Berlin. Seine Mitglieder werden alle vier Jahre von allen deutschen wahlberechtigten Bürgern gewählt. Die wichtigsten Aufgaben des Parlaments sind Diskussion und Beschluss von Gesetzen, Wahl des Bundeskanzlers und Kontrolle der Regierung.

Der **Bundesrat** ist die Vertretung der Bundesländer in Berlin. Jede Landesregierung schickt eine von der Einwohnerzahl abhängende Anzahl von Vertretern in diesen Rat. Der Bundesrat ist an der Bundespolitik beteiligt und kann unter anderem bei der Gesetzgebung mitwirken. Bestimmte Gesetze benötigen die Zustimmung des Bundesrates, bevor sie in Kraft treten.

zum Beispiel einen Bundesaußenminister und einen Bundesverteidigungsminister (aber zum Beispiel keinen Außenminister von Hessen und keinen Verteidigungsminister von Bayern). Und natürlich werden Fragen wie „Sollen wir die Steuern für alle deutschen Bürger erhöhen oder senken?", „… das Gesetz über die Volljährigkeit ändern?" oder „… Umwelt- und Tierschutz in das Grundgesetz hineinschreiben?" (Deutschland hat das als erstes Land in Europa getan) und vieles andere in der Bundesregierung besprochen, im Deutschen Bundestag und im Bundesrat diskutiert und als Gesetz beschlossen.

Warum gibt es in der Bundesrepublik Deutschland die bundesstaatliche Ordnung?

Die drei demokratischen Siegermächte des Zweiten Weltkrieges, die USA, England und Frankreich, wollten zwar ein demokratisches Deutschland, aber nach den Erfahrungen mit der Hitler-Diktatur nicht wieder einen Staat mit einem starken zentralen Machtzentrum. So kam es – und das wurde im Grundgesetz festgeschrieben – zu dem Bundesstaat, in dem die Verwaltung und damit die Macht des Staates auf verschiedene Ebenen verteilt werden. Die DDR wurde dagegen zentralistisch und nur von einer Partei regiert.

Einige der heutigen Bundesländer haben Wurzeln, die weit zurückreichen. Ihre Gründung erfolgte Jahrhunderte vor der Bundesrepublik Deutschland. Die Geschichte des Herzogtums Bayern zum Beispiel geht zurück bis ins 8. Jahrhundert.

Im besten Fall arbeiten Bund und Bundesländer gut und ohne Streit zusammen. Die Aufgabenverteilung zwischen Bund und Ländern ist in der deutschen Verfassung*, dem Grundgesetz*, geregelt. Außerdem arbeiten Kommissionen daran, wie die Beziehungen und die Aufgabenverteilung zwischen Bund (dem gesamten Staat) und Ländern (seinen einzelnen Teilen) noch weiter verbessert und geregelt werden können.
Es gibt aber auch Kritiker des Föderalismus, die der Ansicht sind, dass die starke Stellung der Länder viele politische Entscheidungen erschwert und verlangsamt, und die besonders

bemängeln, dass sich Berlin speziell bei der Bildungspolitik weitgehend heraushält. Damit haben sie natürlich nicht unrecht. Andererseits sorgt der Föderalismus dafür, dass nicht zu viel Macht in wenigen Händen liegt.

Der Wächter kontrolliert den Wächter kontrolliert den Wächter … – die Gewaltenteilung

Ein Überfall: Zwei Männer bedrohen am Flussufer einen Spaziergänger mit einem Messer und nehmen ihm seine Brieftasche ab. Später werden sie im nahe gelegenen Park von einer Poli-

zeistreife gesichtet. Sie wehren sich bei der Festnahme heftig und drohen mit ihrer Waffe. Nur mit vereinten Kräften und nach Abgabe von Warnschüssen können sie festgenommen werden.

Die Beamten (die **Exekutive)** dürfen im Gegensatz zu den Kriminellen Gewalt anwenden, denn sie haben im Auftrag des Staates den Bürger zu schützen. Diese Gewaltanwendung kann allerdings nicht nach Belieben passieren. Sie muss nach Vorschriften und Gesetzen der **Legislativen** erfolgen. Und wenn unsere Räuber schließlich vor dem Richter (der **Judikativen)** landen, ist dieser ebenfalls an einen bestimmten gesetzlichen Rahmen bei der Rechtsprechung gebunden.

Bei diesem vereinfachten Beispiel geht es um die **Gewaltenteilung,** genauer um die **Teilung der Staatsgewalt.** Sie ist ein wesentliches Prinzip unserer Demokratie.

Der Staat hat die Macht, dafür zu sorgen, dass die Ordnung eingehalten und seine Bürger geschützt werden. Diese Ordnung ist in Gesetzen festgeschrieben. Die **Legislative,** die gesetzgebende Gewalt, ist in Deutschland der Deutsche Bun-

---

Legislative = „gesetzgebende Gewalt"
(von lateinisch *leges* = „Gesetze"): Parlamente

Exekutive = „ausführende Gewalt"
(von lateinisch *exsequi* = „ausführen"): Regierung, Behörden

Judikative = „Recht sprechende Gewalt"
(von lateinisch *ius* = „Recht"): Richter, Gerichte

I Die Exekutive in Aktion

destag in Verbindung mit dem Bundesrat und den Länderpar-
lamenten – und damit im Grunde wir alle, denn die Abgeordneten wählt das Volk.

Wer sich nicht an die Gesetze hält, bekommt es mit der **Exekutive** zu tun, der ausführenden Gewalt. Auf der obersten
Ebene hat diese Exekutive die Bundesregierung. Sie darf bestimmte Mittel, z. B. Militär, Bundespolizei, Geheimdienste,
einsetzen, um Ruhe und Ordnung zu schaffen und den Staat
gegen Bedrohungen von innen und außen zu schützen. Auch
die Länderregierungen und die Verwaltungen in den Städten
haben dafür zu sorgen, dass alles gesetzmäßig abläuft. Dabei
darf niemand die Macht missbrauchen, denn:

**Der erste Wächter (die Gesetze) kontrolliert den zweiten
Wächter (die Ausführenden).** Das gilt auch umgekehrt, denn

die Exekutive, also zum Beispiel die Bundesregierung, schlägt der Legislative Gesetze vor.

Die dritte Staatsgewalt, die Recht sprechende Gewalt **(Judikative),** sorgt mit Richtern und Staatsanwälten dafür, dass Gesetzesverstöße nach festgelegten Regeln verhandelt und die Täter dafür bestraft werden. Dabei dürfen die Strafen nicht willkürlich sein, auch sie müssen den Gesetzen entsprechen (die Legislative hat hier wiederum die Kontrollfunktion!). Die Gerichte sind unabhängig und keine Macht des Staates darf sie zwingen, ein bestimmtes Urteil zu fällen, mit dem sie nicht einverstanden sind.

Diese Judikative ist sozusagen als dritte Staatsgewalt der dritte Wächter.

Alle drei Wächter kontrollieren sich gegenseitig.

Ein Alleinherrscher, ein Fürst, ein König, ein Kaiser oder ein Diktator, ein General, dem es wie auch immer gelungen ist, die Macht an sich zu reißen, würde sagen: „Fort mit der Kontrolle! Ich mache mir meine Gesetze selber, ich lasse sie ausführen nach meinem Belieben und meine Richter haben Ur-

Das **Bundesverfassungsgericht** (BVerfG) ist der höchste Gerichtshof in Deutschland. Er wacht über die Einhaltung unserer Verfassung. Jeder Bürger hat das Recht, dort zu klagen, wenn er glaubt, ein neues (oder auch ein altes) Gesetz verstoße gegen unser Grundgesetz. Die Entscheidungen des BVerfG sind endgültig.

Das höchste deutsche Gericht in Karlsruhe – Hüter der Verfassung

teile zu fällen, die mir und meinem System passen und es stärken. Die Staatsgewalt liegt alleine bei mir und meinen Gehilfen! Sie wird nicht geteilt!"

Dass diese Teilung jedoch notwendig ist, wusste man schon in der Antike. Und vor über 300 Jahren kritisierte der französische Staatsphilosoph Charles de Montesquieu die Könige, unter deren absolutistischer Herrschaft er leben musste:

„Wenn in derselben Person die gesetzgebende Gewalt mit der vollziehenden vereinigt ist, gibt es keine Freiheit. Dann steht zu befürchten, dass derselbe Monarch tyrannische Gesetze macht, um sie tyrannisch zu vollziehen. Es gibt keine Freiheit, wenn die richterliche Gewalt nicht von der gesetzgebenden und vollziehenden getrennt ist."

Die Spielregeln des Zusammenlebens

Ein Spiel läuft nach bestimmten Regeln ab. Gäbe es sie nicht, würde sich der Stärkere auf Kosten der Schwächeren durchsetzen. Das Zusammenleben der Menschen läuft ebenfalls nach Regeln ab, die für alle gelten müssen. Sonst bräche das Chaos aus und nur der würde sich durchsetzen, der am besten zuschlagen kann.

Die Spielregeln sind die Gesetze, die sich eine Gesellschaft gegeben hat, nach denen sie leben will. Wer sich nicht daran hält, wird bestraft.

Kein Gesetz, das in Deutschland gültig ist, darf unserer Verfassung, dem Grundgesetz, widersprechen.

Das ist die oberste Spielregel, nach der sich alle Gerichte und Behörden, alle Bürgerinnen und Bürger zu richten haben. Es dürfte zum Bespiel nicht einfach die Todesstrafe eingeführt werden, denn das wäre mit dem Grundgesetz nicht vereinbar. Das Grundgesetz (abgekürzt GG) gilt seit der Gründung der Bundesrepublik Deutschland im Jahre 1949.

Über das Grundgesetz hinaus sind in verschiedenen Gesetzbüchern, wie etwa dem Strafgesetzbuch oder dem Bürgerlichen Gesetzbuch, die Rechts- und Strafvorschriften festgelegt.

Es gibt bestimmte Rechte, die für alle Menschen auf der ganzen Welt gelten sollten. In der Verfassung der Bundesrepublik Deutschland (und auch in denen vieler anderer demokratischer Staaten) sind diese Menschenrechte als sogenannte **Grundrechte** festgeschrieben. Zu den wichtigsten gehören:

- Recht auf Leben, Freiheit, Bildung und körperliche Unversehrtheit
- Meinungs- und Pressefreiheit
- Glaubensfreiheit
- Gleichheit aller Menschen, unabhängig von Glauben, Geschlecht, Rasse oder Herkunft
- Recht auf Eigentum

Diese grundlegenden Rechte gehören nach unseren Begriffen zum Menschsein. Formuliert wurden sie schon im 17. und 18. Jahrhundert in England, in den USA und in Frankreich. Die UNO verkündete 1948 eine **Allgemeine Erklärung der Menschenrechte,** an die sich aber nicht alle Staaten der Welt halten.

Hierbei ist die **Rechtssicherheit** besonders wichtig: Die Gesetze gelten für alle Bürger gleichermaßen. Es darf keine Rolle spielen, wie reich jemand ist oder wie viel Macht er hat. Auch der Ärmste und Schwächste soll vor dem Gesetz gleich behandelt werden. Daher wird die Bundesrepublik auch als **Rechtsstaat** bezeichnet.

Parteien – überholt?

„Die streiten sich nur!"

„Welche Partei soll ich bloß wählen?"

„Die kosten uns nur Geld!"

„Bei denen steht überall dasselbe im Programm!"

„Man sollte sie alle abschaffen!"

„Warum gibt es die überhaupt?"

„Ich gehe nicht mehr zur Wahl!"

Grundgesetz Artikel 21.1
Die Parteien wirken bei der politischen Willensbildung des
Volkes mit. Ihre Gründung ist frei.

Na und?, könnte man dazu sagen. Ich kann mir meinen politischen Willen selber bilden. Ich will direkt abstimmen, ob ich
für oder gegen etwas bin.

In einer **direkten Demokratie** ginge das tatsächlich. Bei diesem Modell sind die Bürger direkt an allen Entscheidungen
beteiligt, ohne den Umweg über die Parteien. Solche Direkt-
entscheidungen erlebt man im Alltag in zahlreichen kleineren

Gruppen: bei Vorstandswahlen im Sportverein, bei Entscheidungen in Schulen oder in der Kirchengemeinde, bei denen Stimmzettel abgegeben werden oder durch Handaufheben entschieden wird. In der „großen" Politik aber, bei vielen Millionen Menschen, die in der Demokratie wählen und so ihre politische Meinung ausdrücken, lässt sich so ein direkter Volksentscheid* nur schwer durchführen.

Zu viele Köche verderben den Brei

Ein Gesetz, eine wichtige politische Entscheidung kämen nie zustande, wenn Millionen Wähler erst darüber diskutieren und abstimmen müssten. Das würde unter Umständen Jahre dauern. Außerdem kann niemand über alles Bescheid wissen. Wie sicher sind Atomkraftwerke? Wie viel würde es bringen, eine neue Autobahn von Ost nach West zu bauen? Mehr Geld für Umweltschutz? Weniger für die Bundeswehr? Besseres Versicherungssystem für Kranke? Weniger Staaten in die EU? Welche Maßnahmen gegen die Arbeitslosigkeit? Für all diese Fragen braucht man viel Fachwissen.

Darum hat in Deutschland die **repräsentative Demokratie** weitgehend die direkte Demokratie ersetzt, darum gibt es politische Parteien (und

ihre Kandidaten, die wir wählen, die unsere Wählermeinung „repräsentieren" sollen), die in unserem gesellschaftlichen System eine wichtige Rolle spielen. Deutschland, so heißt es manchmal, ist auch ein Parteienstaat. Es gibt sie in unserem Land seit dem 19. Jahrhundert.

Von Links bis Rechts – von Rot bis Gelb

Parteien sind ein Zusammenschluss von Menschen mit gleichen oder ähnlichen Interessen, Ansichten und Meinungen, die man natürlich besser gemeinsam durchsetzen kann als alleine. Diese Parteimeinungen kann man in den Programmen nachlesen, man hört und liest sie in Interviews der Politiker. Der Wähler wählt die Partei und ihr Programm, die am ehesten mit seiner eigenen Meinung übereinstimmt, in der Hoffnung, dass die Vertreter dieser Partei sich für seine Meinung im Bundestag, im Landtag, in einem Stadt- oder Gemeindeparlament einsetzen. Er hat mit seiner Wahl den Gewählten einen Auftrag erteilt.

In Deutschland existieren zahlreiche kleine und große politische Parteien. Häufig teilt man sie ein in „links" und „rechts". Das hat sowohl

In der Frankfurter Paulskirche kam 1848 das erste deutsche Parlament zusammen.

mit der politischen Einstellung als auch mit der Sitzordnung im Parlament zu tun. Links vom Präsidium aus gesehen saßen 1848 in der ersten deutschen Nationalversammlung in der Frankfurter Paulskirche die „Fortschrittlichen", welche die Interessen der Arbeiter und kleinen Handwerker vertraten. Ab der Mitte nach rechts saßen die freiheitlich-liberalen[*] und dann die konservativen Parteien, die „Bewahrer" der bürgerlichen Traditionen.

Die Sitzordnung im Deutschen Bundestag ist ähnlich: Aus Sicht des Bundestagspräsidenten sitzen von links bis zur Mitte die sogenannten linken Parteien Die Linke, SPD und Bündnis 90/ Die Grünen und etwa ab der Mitte nach rechts die bürgerlich-konservativen Parteien CDU und CSU und die liberale FDP.

Von Rot bis Gelb – die Farben der zurzeit im Bundestag vertretenen Parteien:

Rot ist die Farbe der **SPD** (Sozialdemokratische Partei Deutschlands). Diese Farbe geht auf die rote Mütze der Jakobiner zurück, das Symbol der französischen Revolution von 1789. Die SPD ist die älteste deutsche Partei. Sie existiert seit 1863.

Schwarz steht für die christlich-konservative **CDU** (Christlich-Demokratische Union Deutschlands) und geht auf die Kleidung der Priester und Pfarrer zurück. Gegründet wurde die Partei 1945.

Weiß-Blau sind die Landesfarben Bayerns und werden von der nur in diesem Bundesland vertretenen **CSU** (Christlich-Soziale Union) benutzt, die im Bundestag eine Fraktionsgemeinschaft* mit der CDU bildet.

Grün, die Farbe der Natur, steht für **Bündnis 90/Die Grünen,** die sich in dieser Zusammensetzung 1993 aus der westdeutschen Partei Die Grünen und dem ostdeutschen Bündnis 90 bildete.

Blau-Gelb wird von der **FDP** (Freie Demokratische Partei) verwendet, die 1948 gegründet wurde. Die Farbe war eine Empfehlung von Werbefachleuten, das Blau soll die Verbundenheit mit anderen liberalen Parteien in Europa demonstrieren, die oft diese Farbe bevorzugen.

Rot wird auch von der **Linkspartei** verwendet, die es als „Küken" im Bundestag erst seit 2005 gibt. Sie hieß zuvor PDS (Partei des Demokratischen Sozialismus)und war die Nachfolgepartei der SED. 2007 hat sich die Partei mit der WASG zusammengeschlossen und in **Die Linke** umbenannt.

Kann jeder eine politische Partei gründen? Im Prinzip ja, sogar eine zur Abschaffung des Autoverkehrs. Allerdings müssen eine Menge Bürger Listen unterschreiben, damit eine Partei zu einer Wahl zugelassen wird.

In den Bundestag käme die Partei nur, wenn sie mindestens fünf Prozent aller abgegebenen Stimmen bekommt. Diese „Fünfprozentklausel" wurde eingeführt, um zu verhindern, dass zu viele kleine Parteien in die Volksvertretungen kommen. Dann gäbe es noch mehr Streitereien und man käme überhaupt nicht mehr zu einer Entscheidung.

Werden die politischen Ziele einer Partei als verfassungswidrig und damit als Bedrohung für den Staat angesehen, kann sie vom Bundesverfassungsgericht verboten werden. Das ist bisher zweimal geschehen; andere Parteien und extremistische Gruppierungen stehen unter staatlicher Beobachtung.

Was ist Extremismus?

Rechtsextreme lehnen die Regeln ab, nach denen unser demokratischer Staat aufgebaut ist und funktioniert, sie wollen diesen Staat abschaffen. Rechtsextreme wollen keine Mitbestimmung aller, sie sind weder für Meinungsfreiheit noch für Gleichheit aller Menschen. Oft sind sie ausländerfeindlich und verherrlichen das deutsche Volk. „Neonazis", die Adolf Hitler und sein Regime verehren, haben besonders von jungen Menschen Zulauf. Solche Gruppen verüben häufig Gewalttaten gegen Ausländer.

Es gibt auch **linksextreme** Gruppen, die ebenfalls die demokratische Ordnung ablehnen, aber im Gegensatz zu den Rechtsextremen streben sie ein kommunistisches oder sozialistisches System an. Auch unter den Linksextremen gibt es gewaltbereite Gruppierungen. In den 1970er-Jahren verübte die linksextremistische Rote-Armee-Fraktion (RAF) mehrere politische Morde in Deutschland.

Rechtsextremismus – Die Neonazis marschieren auf.

Wer uns regiert

Spielführer

Der erste Mann in der Bundesrepublik Deutschland*, so der offizielle Name unseres Staates, ist der Bundespräsident* (oder die Bundespräsidentin; bisher gab es aber in Deutschland keinen weiblichen Präsidenten). Er regiert aber nicht. Das tut die Bundesregierung* mit dem Bundeskanzler oder der Bundeskanzlerin* an der Spitze. Er oder sie ist Chef, sozusagen Spielführer oder der „Kapitän" der Regierungsmannschaft. Er wird für vier Jahre vom Deutschen Bundestag gewählt. Die stärkste Partei im Parlament oder, falls sie nicht allein über 50 Prozent der Stimmen hat, eine Koalition* aus mehreren, muss sich auf eine Person als Regierungschef einigen.

Das Tagesprogramm des Regierungschefs ist prall gefüllt. Neben Sitzungen im Bundestag oder Regierungsberatungen gibt es häufig Veranstaltungen mit ausländischen Gästen, zum Beispiel Beratungen mit den Regierungschefs der EU-Staaten über die Zukunft der Europäischen Gemeinschaft. Oft stehen Staatsbesuche in fremden Ländern auf dem Programm (während dies geschrieben wird, empfängt die Bundeskanzlerin mittags den polnischen Ministerpräsidenten und fliegt am Nachmittag zu einer mehrtägigen Visite in arabische Länder).

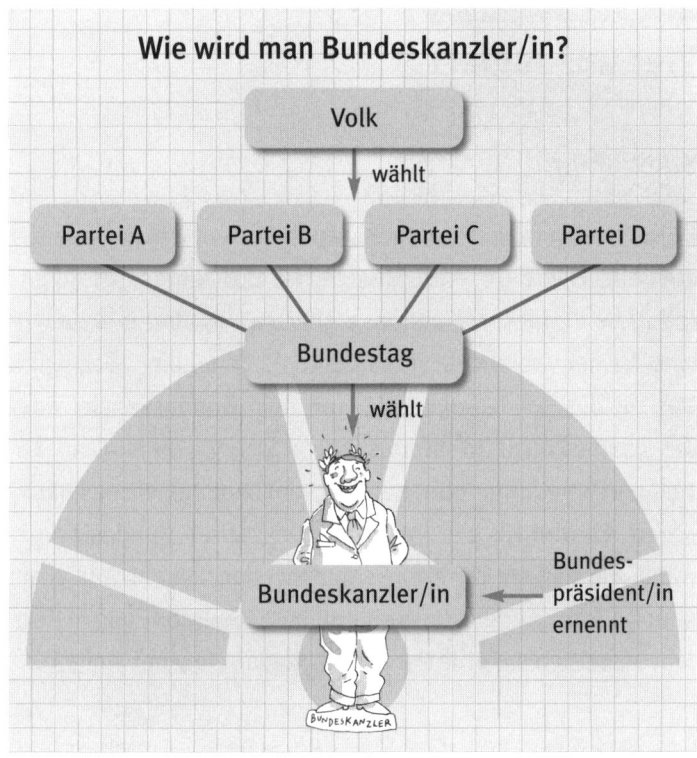

Wie wird man Bundeskanzler/in?

Gutes Zusammenspiel – Sitzung im Kabinett

Regelmäßig, das heißt normalerweise einmal pro Woche, trifft sich das Kabinett*, die Bundesregierung, bestehend aus Bundeskanzler und Bundesministern, zur Besprechung und Entscheidung der wichtigsten politischen Fragen. Thema könnte zum Beispiel sein: „Mehr Betreuungsplätze für Kleinkinder in Deutschland".

„Es ist unbedingt notwendig, dass die Mütter Beruf und Familie vereinbaren können", fordert die Familienministerin. „Daher brauchen wir erheblich mehr Krippenplätze und Tagesstätten für die Kinder!"

„Wir sind uns aber noch nicht einig über die Finanzierung", wendet der Finanzminister ein.

„Es wird Zeit, dass wir hier endlich einen Durchbruch schaffen!", greift die Kanzlerin ein. „Das erwarten die Menschen einfach von uns!"

Die Abstimmung in der Ministerrunde ergibt: Die zuständigen Minister sollen noch einmal versuchen, eine Einigung herbeizuführen. Dafür gibt es eine Frist von einem Monat.

„Wie steht es mit dem Zuschuss des Staates zur Krankenversicherung?", will die Gesundheitsministerin wissen. Es wird lange diskutiert in der Kabinettsrunde. Der Regierungssprecher, der die Ergebnisse dieser Kabinettssitzung vor den Journalisten zu verkünden hat, schreibt auf: „Keine Einigung, aber Annäherung."

Ein weiterer Punkt der Tagesordnung ist Aufstockung der Zahl der deutschen Soldaten in Afghanistan und mehr Mittel dafür. Der Minister der Verteidigung hält einen Vortrag über die dortige Sicherheitslage. Die Mehrheit im Kabinett sieht die Notwendigkeit der Aufstockung. Ob das allerdings auch der Bundestag so beschließen wird (denn er hat in dieser Frage die letzte Entscheidung) und die Wähler das auch so sehen würden, insbesondere, wenn man an die Kosten denke, gibt jemand in der Runde zu bedenken. Das würde sicherlich viele Stimmen bei der nächsten Wahl kosten. Man diskutiert hin und her. Schließlich wird der Verteidigungsminister beauftragt, das Thema zunächst mit den zuständigen Ministern anderer Staaten zu besprechen.

Einigkeit herrscht beim Punkt „Verlängerung eines Ausbildungsprogramms für Jugendliche". Es wird beschlossen, weiteren Jugendlichen eine Einstiegschance in die Berufsausbildung zu geben und dafür Geld bereitzustellen. Dafür gibt es bereits ein Gesetz und so braucht der Finanzminister nur sein Einverständnis zu geben, denn schließlich muss er es bezahlen.

Man sieht: Gutes Zusammenspiel im Kabinett ist unbedingt notwendig. Und wenn sich die Regierungsmannschaft nicht einig ist? Wenn es dem Spielführer nicht gelingt, alle auf ein Ziel einzuschwören? Ganz einfach, das letzte Wort hat in Streitfällen der Kanzler oder die Kanzlerin. Er oder sie hat die „Richtlinienkompetenz" und kann letztlich sagen, wo es lang-geht. Seine Stellung ist stark und daher haben Journalisten für die Regierungsform in Deutschland das Wort „Kanzler-demokratie" geprägt, auch wenn unsere oberste Volksver-tretung, der Deutsche Bundestag, die Gesetze beschließt und die Regierung kontrolliert.

Warum heißt die Regierungsmannschaft auch Bundes-kabinett oder Kabinett?

Das aus dem Französischen kommende Wort bedeutet „kleines intimes Zimmer". In einem solchen Zimmer kam eine kleine Gruppe von Beratern des Königs zusammen. Der Name Kabinett für den Personenkreis, der die Bundesregie-rung bildet, hat sich bis heute erhalten.

Auswechslung eines Spielers

Manchmal wird ein Spieler oder eine Spielerin der Regie-rungsmannschaft ausgewechselt. Meist ist der Grund, dass es nicht mehr möglich war, gemeinsame Entschlüsse zu fassen. Nehmen wir an, der Verkehrsminister will eine neue Autobahn bauen, im Kabinett ist die Mehrheit dagegen. Es kommt kein Kompromiss zustande, weil der Minister auf seinem Plan beharrt (er hat schließlich auch gute Argumente). Vielleicht war das nicht das erste Mal, dass er anderer Meinung war. Er verlässt die Regierung von sich aus oder der Regierungschef beschließt, ihn auszuwechseln. Dankesurkunde vom Präsidenten, Lobrede und das war's. Es ist wichtig für ein Land, dass die Regierung handlungsfähig und auf Dauer einig bleibt. Sonst zerbricht sie und es kommt unter Umständen zu Neuwahlen.

Rote Karte für den Chef!

„Kanzler, Kanzlerin, deine Politik taugt nichts! Nimm deinen Hut!" So drastisch wird es vielleicht nicht gesagt,

Im Artikel 67 des GG ist das **„konstruktive Misstrauensvotum"** festgelegt. „Votum" kommt aus dem Lateinischen und heißt so viel wie „Urteil", „Stimme". Dieses Misstrauen kann in Deutschland nur dem Bundeskanzler ausgesprochen werden. In anderen Ländern kann es auch für einzelne Minister gelten.

aber dennoch: Unsere Volksvertretung kann – und daran sieht man, welch wichtige Kontrollfunktion sie hat – den Bundeskanzler durch ein sogenanntes **Misstrauensvotum** zu Fall bringen. Die Mehrheit der Abgeordneten entzieht ihm oder ihr das Vertrauen. Er oder sie und damit zugleich das ganze Kabinett werden entlassen und es wird in derselben Abstimmung ein neuer Regierungschef gewählt. Damit soll verhindert werden, dass das Land für eine bestimmte Zeit ohne Regierung ist.

Bundes-, Landes- und Kreisliga

Die Arbeit einer Regierung spielt sich in ähnlicher Weise in den Bundesländern ab. Zusätzlich zur Berliner Regierung arbeiten in den 16 Bundesländern Länderregierungen. Ihre Chefs heißen Ministerpräsidenten (in Hamburg und Bremen „Erster Bürgermeister", in Berlin „Regierender Bürgermeister"). Die Volksvertretungen der Länder sind die Landtage. Ihre Aufgaben ähneln denen des Deutschen Bundestages, beschränken sich aber auf das jeweilige Bundesland.
Die Ebene unter den Landesregierungen stellen die Verwaltungen der Kreise, Städte

und Gemeinden dar, welche zusammen mit den gewählten örtlichen Volksvertretungen, etwa den Stadträten, für die regionalen Probleme wie zum Beispiel Verkehrsangelegenheiten, Schulbauten oder Abfallbeseitigung zuständig sind. Die politische Macht in Deutschland ist also aufgeteilt. Dieses Grundprinzip unserer Staatsform ist uns bereits bei der Gewaltenteilung begegnet.

Kurz und bündig

1. Die Wähler geben mit ihrer Stimme einer Partei oder mehreren den Auftrag zum Regieren.

2. Die größte Partei stellt die Bundeskanzlerin oder den Bundeskanzler.

3. Die Bundeskanzlerin oder der Bundeskanzler bestimmt die Richtlinien der Politik. In Streitfällen entscheidet sie oder er alleine.

4. Die Minister sind für bestimmte Fachgebiete (Ressorts) zuständig; zum Beispiel Arbeit, Umwelt, Außenpolitik, Innenpolitik, Verkehr.

5. Der Bundestag kontrolliert die Regierung und kann durch das Aussprechen des Misstrauens den Regierungschef und damit auch die ganze Regierung entlassen.

Wahlen und die Arbeit im Bundestag

Das Mehrheitssystem

Gespannte Erwartung in Annas Klasse. Vorn am Pult nehmen zwei Schülerinnen Zettel aus einer Schachtel, entfalten sie und lesen Namen vor. Die Namen stehen an der Tafel, ein Schüler macht jedes Mal einen Strich, wenn der Name genannt wird. Lehrer Konold, unter dessen Aufsicht das alles geschieht, muss um Ruhe bitten. Schließlich großer Beifall: Von den abgegebenen 30 Stimmen hat Anna 16 erreicht, der Name ihres schärfsten Konkurrenten Max stand auf zwölf Zetteln und abgeschlagen dahinter ist Tina mit zwei Stimmen gelandet. Anna ist die neue Klassensprecherin. Sie wird von ihren Unterstützern bejubelt, die Partei um Max macht laut ihrem Unmut Luft und verlangt, dass noch mal nachgezählt wird. Doch auch die Nachzählung ändert nichts am Ergebnis. Anna ist die neue Sprecherin der 11a, denn sie hat die absolute Mehrheit erreicht.

Die Klassensprecherwahl funktioniert nach der **absoluten Mehrheit.** Das heißt: Anna hat 16 der abgegebenen 30 Stimmen erreicht, das sind über 50 Prozent. Wäre es nach der **relativen** (oder **einfachen) Mehrheit** gegangen, hätten Anna 15 Stimmen gereicht, wenn zwei andere Mitbewerber auch Stimmen bekommen hätten (keiner von ihnen hätte allein 15 erreicht). Diese beiden Prinzipien spielen bei Wahlen oder bei Abstimmungen über Gesetze im Bundestag eine Rolle.

Wenn es um sehr wichtige Entscheidungen geht wie zum Beispiel um die Änderung des Grundgesetzes, ist bei der Abstimmung im Parlament die **qualifizierte Mehrheit** erforderlich. Das sind entweder zwei Drittel oder drei Viertel der abgegebenen Stimmen. Im Falle der Klassensprecherwahl hätte Anna also 20 (zwei Drittel) oder 22 Stimmen (genau wären drei Viertel 22,5, aber ein Wähler kann sich ja schlecht teilen) bekommen müssen.

Wichtig ist, dass die unterlegene Minderheit die Entscheidung der Mehrheit akzeptiert. Max' und Tinas Partei müssen Anna als Klassensprecherin anerkennen. Das heißt aber nicht, dass sie nicht in Zukunft Kritik an ihrer Arbeit üben dürfen.

Frei und demokratisch

Wenn wir wählen, nehmen wir das „aktive Wahlrecht" wahr. Für die Wahl eines Abgeordneten, der uns in einem Landtag oder im Bundestag vertreten soll, müssen wir volljährig, also 18 Jahre alt sein. Jeder und jede Deutsche, egal, welche Hautfarbe er hat oder welcher Religion er anhängt, darf zur Wahl gehen. Bei der Wahl für eine neue Volksvertretung einer Stadt oder Gemeinde gilt für die Wähler 16 Jahre als Mindestalter.

Am Wahltag steht der Wähler alleine in der Kabine, denn die demokratische Wahl ist frei und geheim. Das schreibt das Grundgesetz vor. Niemand soll dem Wähler über die Schulter schauen oder ihm sagen, was er zu tun hat.

Der Wahlzettel sieht auf den ersten Blick etwas verwirrend aus. Was bedeuten die Namen auf der linken Seite? Und die Abkürzungen auf der rechten?

299 Gewinner

Die Namen von Personen, welche den Wahlkreis unseres Wählers vertreten und gewählt werden wollen, stehen auf der linken Seite des Wahlzettels zusammen mit der Partei, der sie angehören. Der Kandidat, der in einem bestimmten Wahlkreis die meisten Stimmen bekommt, zieht als direkt gewählter Bundestagsabgeordneter für vier Jahre in das Parlament ein (Direktmandat). Da es zurzeit bei Wahlen für den

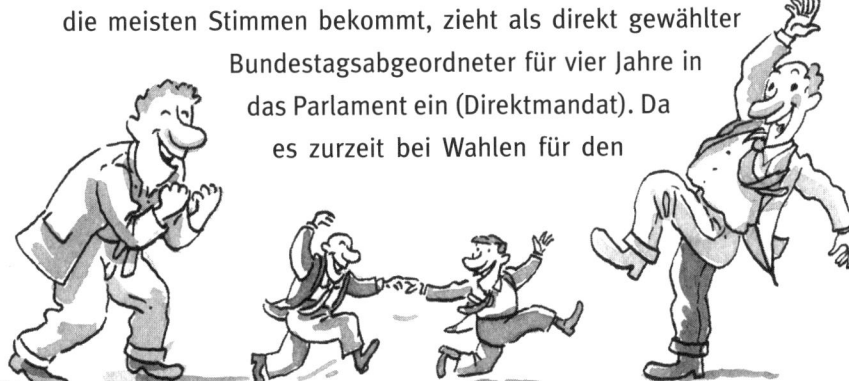

Stimmzettel

für die Wahl zum Deutschen Bundestag am 18. September 2005

im Wahlkreis 180 – Wiesbaden

Sie haben 2 Stimmen

hier **1 Stimme**
für die Wahl
eines/einer
Wahlkreisabgeordneten

hier **1 Stimme**
für die Wahl
einer **Landesliste (Partei)**
– maßgebende Stimme für die Verteilung der
Sitze insgesamt auf die einzelnen Parteien –

Erststimme

				○
1	**Wieczorek-Zeul,** Heidemarie Lehrerin Wiesbaden Walkmühlstraße 39	**SPD**	Sozialdemokratische Partei Deutschlands	
2	**Köhler,** Kristina Dipl.-Soziologin Wiesbaden Frankfurter Straße 18	**CDU**	Christlich Demokratische Union Deutschlands	○
3	**Seithe,** Matti Student Wiesbaden Sedanplatz 4	GRÜNE	BÜNDNIS 90/ DIE GRÜNEN	○
4	**Starke,** Eric Unternehmensberater Wiesbaden Frank-Wedekind-Straße 4	**FDP**	Freie Demokratische Partei	○
5	**Bohrer,** Hartmut Schulpsychologe Mainz-Kastel Großanlage 4	**Die Linke.**	Die Linkspartei.	○
8	**Dazer,** Marko Malermeister Taunusstein Limburger Straße 31	**NPD**	Nationaldemokratische Partei Deutschlands	○
10	**Hartmann,** Alexander Redakteur Wiesbaden Köhlerstraße 48	**BüSo**	Bürgerrechtsbewegung Solidarität	

Zweitstimme

○	**SPD**	**Sozialdemokratische Partei Deutschlands** Heidemarie Wieczorek-Zeul, Hans Eichel, Christine Lambrecht, Rüdiger Veit, Michael Roth	1
○	**CDU**	**Christlich Demokratische Union** **Deutschlands** Dr. Franz Josef Jung, Prof. Dr. Heinz Riesenhuber, Erika Steinbach, Dr. Klaus W. Lippold, Bernd Siebert	2
○	**GRÜNE**	**BÜNDNIS 90/DIE GRÜNEN** Margareta Wolf, Joseph Fischer, Anna Lührmann, Matthias Berninger, Priska Hinz	3
○	**FDP**	**Freie Demokratische Partei** Dr. Wolfgang Gerhardt, Dr. Hermann Otto Prinz zu Solms Hohensolms-Lich, Dr. Heinrich Leonhard Kolb, Hans-Joachim Otto, Mechthild Dyckmans	4
○	**Die Linke.**	**Die Linkspartei.** Wolfgang Gehrcke-Reymann, Werner Dreibus, Ann-Christin Schomburg, Janine Wissler, Renate Bastian	5
○	**REP**	**DIE REPUBLIKANER** Günter Haemke, Bert-Rüdiger Förster, Michael Langer, Jürgen Kohl, Rainer Hülsmeyer	6
○	**Die Tier-** **schutz-** **partei**	**Mensch Umwelt Tierschutz** Jürgen Gerlach, Edith Ach, Margitta Marcian, Sebastian Stranz, Friederike Prüß	7
○	**NPD**	**Nationaldemokratische Partei** **Deutschlands** Hans Schmidt, Karsten Kriwat, Carsten von Waffenstein, Doris Zutt, Werner Bargon	8
○	GRAUE	**DIE GRAUEN – Graue Panther** Iris Volk, Emil Pathe, Rudi Weege, Hans-Günter Anton, Günter Bernkämpen	9
○	**BüSo**	**Bürgerrechtsbewegung Solidarität** Hartmut Cremer, Michael Weißbach, Alexander Hartmann, Patricia Ivanov, Peter Schamalla	10
○	**MLPD**	**Marxistisch-Leninistische Partei** **Deutschlands** Henrik Kordes, Freia Mantovan, Heinz Thielmann, Barbara Dosch, Murat Yilmaz	11
○	**PSG**	**Partei für Soziale Gleichheit,** **Sektion der Vierten Internationale** Helmut Arens, Markus Klein	12

Stimmzettel

Bundestag 299 Wahlkreise gibt, werden es auf jeden Fall so viele Gewinner sein. Sie besetzen die Hälfte der Abgeordnetensitze im Bundestag.

In der rechten Spalte des Wahlzettels darf der Wähler ebenfalls ein Kreuz machen. Das ist seine Zweitstimme. Sie ist aber nicht zweitrangig, sondern die wichtigere. Mit ihr wählt er eine Partei. Je mehr Wähler ihr Kreuz bei einer Partei machen, umso mehr Abgeordnete darf diese in den Bundestag schicken und entsprechend mehr hat sie zu sagen. Die stärkste Partei kann meist die Regierung bilden, entweder alleine oder zusammen mit anderen in einer Koalition; aus ihren Reihen wird dann üblicherweise der Regierungschef oder die Regierungschefin gewählt und bei neuen Gesetzen kann die stärkste Partei ein entscheidendes Wort mitreden, weil sie die Mehrheit hat. Die anderen Parteien bilden im Bundestag die Opposition.

Welche Aufgabe hat die Opposition?

Wichtig in einer demokratischen Staatsform sind Menschen, Gruppen und Parteien, die anderer Meinung als die Regierenden sind. So kann deren Arbeit besser überwacht werden. Die Parteien im Bundestag, deren Vertreter in der Minderheit und nicht in der Regierung sind, gehören zur „parlamentarischen Opposition". Außerdem gibt es viele Gruppen außerhalb des Bundestages, die mit der Politik der Regierung nicht einverstanden sind („außerparlamentarische Opposition").

Die von den Parteien ausgewählten Leute besetzen die zweite Hälfte der Sitze. 299 mal zwei macht 598. Aber wieso sitzen im Bundestag noch mehr Volksvertreter, zurzeit genau 614?

Ein Wort, das man an Wahlabenden oft hört, ist **„Überhangmandat"**. Es ist möglich, dass für eine Partei mehr Direktkandidaten ins Parlament gewählt werden, als ihr nach der Zahl der Zweitstimmen – das wird nach einem bestimmten Schlüssel ausgerechnet – eigentlich zustehen. Angenommen, nach der Zahl der Zweitstimmen würden einer Partei zehn Abgeordnetensitze zustehen, insgesamt aber hätten elf Kandidaten es direkt mit der ersten Stimme geschafft,

gewählt zu werden. Dann würde die Partei elf Sitze bekommen (der elfte wäre das Überhangmandat). Zurzeit gibt
es im deutschen Parlament 16 solche Mandate, weshalb wir
614 statt 598 Abgeordnete im Bundestag haben.

Das Wahlsystem für den Bundestag nennt man **personalisierte
Verhältniswahl.** In ihm ist das Mehrheits-Wahlsystem (mehrere Kandidaten stehen zur Wahl, wer die meisten Stimme bekommt, hat gewonnen) und das Verhältnis-Wahlsystem ent-
halten, bei dem Parteien mit ihren Kandidatenlisten zur Wahl
stehen. Bei diesem System gehen keine Stimmen verloren.
Bei den Wahlen für Städte oder Gemeinden oder für das Parlament eines Bundeslandes gibt es etwas andere Regeln.
Aber auch hier sind die Wahlen immer frei und geheim und
dürfen nicht beeinflusst werden.
Hätte Anna auch in ein richtiges politisches Amt gewählt werden können? Zum Beispiel zur Bürgermeisterin ihrer Stadt?
Zurzeit noch nicht, aber mit 18 ist sie volljährig und dann
könnte sie theoretisch Bürgermeisterin, Abgeordnete in einem
Parlament oder auch Bundeskanzlerin werden. Allerdings sind
so junge Amtsinhaber bisher noch nicht vorgekommen, denn
es ist klar, dass zur Ausübung solch wichtiger Ämter eine bestimmte Erfahrung notwendig ist.

Wenn man gewählt ist

Terminplan der Bundestagsabgeordneten Kristina Wagenseil für Mittwoch, 28. März

7.15 Uhr   Ankunft in meinem Berliner Abgeordnetenbüro. Überfliegen der Zeitungs-Schlagzeilen, Durchblättern der Post vom Vorabend. Die wird dreimal täglich von der Bundestagsverwaltung zugestellt.

7.45 Uhr   Radiointerview live im NDR-Morgenmagazin zum Thema „Gesundheitsreform".

8.30 Uhr   Sitzung des Arbeitskreises meiner Partei zum gleichen Thema, Vorbereitung der Debatte im Parlament.

10.00–14.30 Uhr   Teilnahme an Bundestagssitzung zum Thema „Patientenverfügung".

16.00 Uhr   Treffen einer Gruppe von Besuchern aus meinem Wahlkreis.

18.00 Uhr   Büro: Besprechung mit meinen beiden Mitarbeitern über die Terminplanung der nächsten Tage. Beantwortung von Post. Es gab mehrere Anfragen zur geplanten Schliessung des Kreiskrankenhauses in meiner Stadt.

19.00–21.00 Uhr   Fraktionssitzung der Partei. Austausch verschiedener Meinungen zum Thema Patientenverfügung und Kritikpunkte an der Finanzierung der geplanten Gesundheitsreform.

21.30 Uhr   Büro: Korrektur meines Redebeitrages in der morgigen Debatte des Bundestages und Vorbereitung auf eine Sitzung des Gesundheits-Ausschusses.

22.30 Uhr   Ende des offiziellen Arbeitstages.

So sieht ein typischer Tagesablauf eines Abgeordneten aus. Einige der Termine sind regelmäßig, wie zum Beispiel die Fraktionssitzungen oder in den Sitzungswochen mittwochs, donnerstags und freitags die Sitzungen im Bundestag.

Bei TV-Übertragungen sieht man im Bundestag oft sehr wenige Abgeordnete. Das hat damit zu tun, dass fast alle Abgeordneten Tag für Tag einen sehr vollen Terminkalender haben. Bei vielen Sitzungen im Bundestag kommen nur die Fachleute für das Thema zusammen, das gerade auf der Tagesordnung steht. Die Arbeit im Parlament bedeutet für die Mitglieder vor allem Mitarbeit in den über 20 Ausschüssen des Deutschen Bundestages. In ihnen arbeiten Abgeordnete mit bestimmtem Fachwissen. Sie sprechen zum Beispiel über den Arbeitsmarkt, über Außenpolitik, über die Arbeit der Geheimdienste, über die Gesundheit und andere Themenbereiche der Politik. In diesen

Ausschüssen wird alles unter die Lupe genommen, Kritik geübt oder es werden Empfehlungen ausgesprochen. Der wichtige Haushaltsausschuss etwa entscheidet mit über die Höhe der Geldmittel, welche die einzelnen Ministerien und Behörden in einer bestimmten Zeit zur Verfügung haben, und das hat letztlich auch Auswirkungen auf das tägliche Leben der einzelnen Bürger. Die Regierung und Verwaltung werden auf diese Weise von den Abgeordneten kontrolliert.

Nach Schätzungen gibt es in Deutschland auf allen Ebenen des Staates (Bund, Länder und Gemeinden) rund 17 000 Berufspolitiker. Viele von ihnen wie etwa die Abgeordneten in den Parlamenten sind allerdings nur auf eine bestimmte Zeit von den Wählern für diese Arbeit bestimmt. Danach kehren sie in ihre alten Berufe zurück. Es gibt auch eine große Zahl von ehrenamtlich arbeitenden Politikern, die diese Tätigkeit neben ihrem Beruf ausüben. Das sind zum Beispiel Stadt- oder Gemeinderäte in den örtlichen gewählten Volksvertretungen.

Kindergeld für Kinder oder Wie kommt ein Gesetz zustande?

In der Zeitung lesen wir: Ab 1. Januar gelten eine Reihe von neuen Gesetzen; zum Beispiel im Gesundheitswesen oder bei den Steuern. Aber wie kommen Gesetze eigentlich zustande?

Stellen wir uns vor: Jan marschiert in das Bürgerbüro des Bundestagsabgeordneten Herrn Ahrendt. Jan erklärt ihm, er und seine Mitschüler fordern, dass das Kindergeld in Zukunft an die Kinder ausgezahlt wird und nicht an die Eltern. Und das soll gesetzlich geregelt werden. Herr Ahrendt hört sich alles an und verspricht, sich darum zu kümmern. Er fährt nach Berlin und überzeugt noch 32 (denn 33 sind mindestens notwendig) weitere Abgeordnete des Deutschen Bundestages von Jans Idee. Denn, so formulieren sie schriftlich im Gesetzesentwurf, die Kinder bräuchten das Kindergeld zur Sicherung ihrer Zukunft. Daher stehe es nur ihnen zu.

Auch der Ältestenrat (diese erfahrenen Politiker bestimmen die Tagesordnung) des Bundestages findet, der Vorschlag müsse im Parlament diskutiert werden. Wie geht es dann weiter?

- In der sogenannten 1. Lesung sprechen Abgeordnete der verschiedenen Parteien in der Bundestagssitzung und sagen ihre Meinung. Soll diese neue Regelung beim Kindergeld gesetzlich festgelegt werden oder nicht? Zur genaueren Prüfung wird die Sache an spezielle Ausschüsse überwiesen.
- In der 2. Lesung berichten die Fachleute der Ausschüsse in der Bundestagssitzung über die Ergebnisse ihrer Beratungen. Es wird abgestimmt, ob das Thema weiterbehandelt werden soll. Wäre das der Fall, dann ginge die Angelegenheit in die 3. Lesung.
- In der 3. Lesung fällt die Entscheidung in einer Abstimmung. Wenn die Abstimmung positiv ausfällt, wenn der Bundesrat

auch noch zugestimmt hat, der Bundespräsident als erster Mann im Staate, die Bundeskanzlerin oder der Bundeskanzler und der zuständige Minister es unterschrieben haben und der Text des neuen Gesetzes über das Kindergeld im Bundesgesetzblatt veröffentlicht ist, tritt es in Kraft. Übrigens ist die Zustimmung des Bundesrates nur bei den Gesetzen erforderlich, welche Angelegenheiten eines oder mehrerer Bundesländer betreffen. Bei anderen Gesetzen (bei denen seine Zustimmung nicht zwingend erforderlich ist), kann der Bundesrat zwar Einspruch erheben, der aber vom Bundestag nach erneuter Beratung überstimmt und so zurückgewiesen werden kann.

In der Praxis ist das mit der Gesetzgebung aber oft nicht so einfach. Erstens kann das alles ziemlich lange dauern (vielleicht ist Jan dann schon mit der Schule fertig). Zweitens: Jan könnte auf keinen Fall selbst die Sache in Gang bringen, etwa, indem er einfach an die Regierung schreibt. Eine „Gesetzesinitiative" können in Deutschland nur mehrere Mitglieder des Bundestages (wie in unserem Beispiel mit dem Kindergeld die Gruppe um Herrn Ahrendt), die Bundesregierung oder der Bundesrat starten. Dem Normalbürger ist das nicht möglich, es sei denn, er überzeugt eben wie Jan einen oder mehrere Abgeordnete, die es in seinem Auftrag tun.

Weitere Möglichkeiten, wie ein Gesetz entstehen kann:

– Wünscht die **Regierung** beispielsweise ein neues Gesetz über die Erhöhung der Mehrwertsteuer, schreibt sie einen Entwurf und gibt ihn an den Bundesrat weiter. Die Politiker und Experten dort geben eine Stellungnahme ab und geben die Sache in den Bundestag zur weiteren Diskussion und Lesung.

– Will umgekehrt der **Bundesrat** ein neues Gesetz, geht der Entwurf an die Bundesregierung. Diese sagt ihre Meinung und der Entwurf geht in den Bundestag zur Beratung; dann beginnt im nächsten Schritt der oben beschriebene Prozess.

Wenn man sich nicht einigt

Bestimmte Gesetze, die zum Beispiel unsere Verfassung ändern würden, müssen bei der Schlussabstimmung im Bundestag eine Zweidrittelmehrheit aller Mitglieder haben. Auch bei diesen Gesetzen muss der Bundesrat zustimmen. Wenn man sich bei den sogenannten Zustimmungsgesetzen nicht einigt, gibt es ein Schiedsgericht, den „Vermittlungsausschuss". Darin sitzen Mitglieder des Bundesrates und des Bundestages. Sie machen Änderungsvorschläge, mit denen es vielleicht bei einer neuen Abstimmung klappen kann. Denn sonst gibt es eben kein neues Gesetz. Der Gesetzgebungsprozess kann sehr schwierig und langwierig sein, weil nicht einer alleine oder eine Partei allein bestimmen kann, wo es langgeht.

Wie entsteht ein Gesetz?

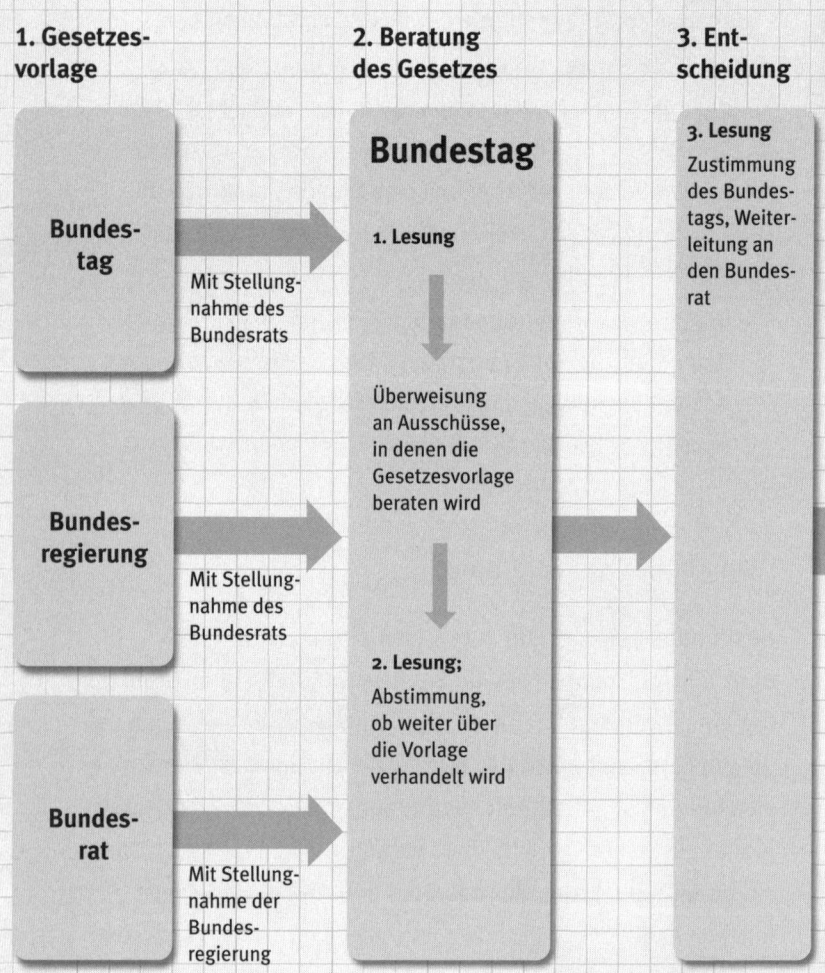

1. Gesetzes-vorlage

2. Beratung des Gesetzes

3. Ent-scheidung

Bundes-tag

Mit Stellung-nahme des Bundesrats

Bundes-regierung

Mit Stellung-nahme des Bundesrats

Bundes-rat

Mit Stellung-nahme der Bundes-regierung

Bundestag

1. Lesung

Überweisung an Ausschüsse, in denen die Gesetzesvorlage beraten wird

2. Lesung; Abstimmung, ob weiter über die Vorlage verhandelt wird

3. Lesung Zustimmung des Bundes-tags, Weiter-leitung an den Bundes-rat

4. Das Gesetz tritt in Kraft

Das Gesetz wird von der Bundesregierung gegengezeichnet, der Bundespräsident unterschreibt es und es wird im Bundes-gesetzblatt veröffentlicht.

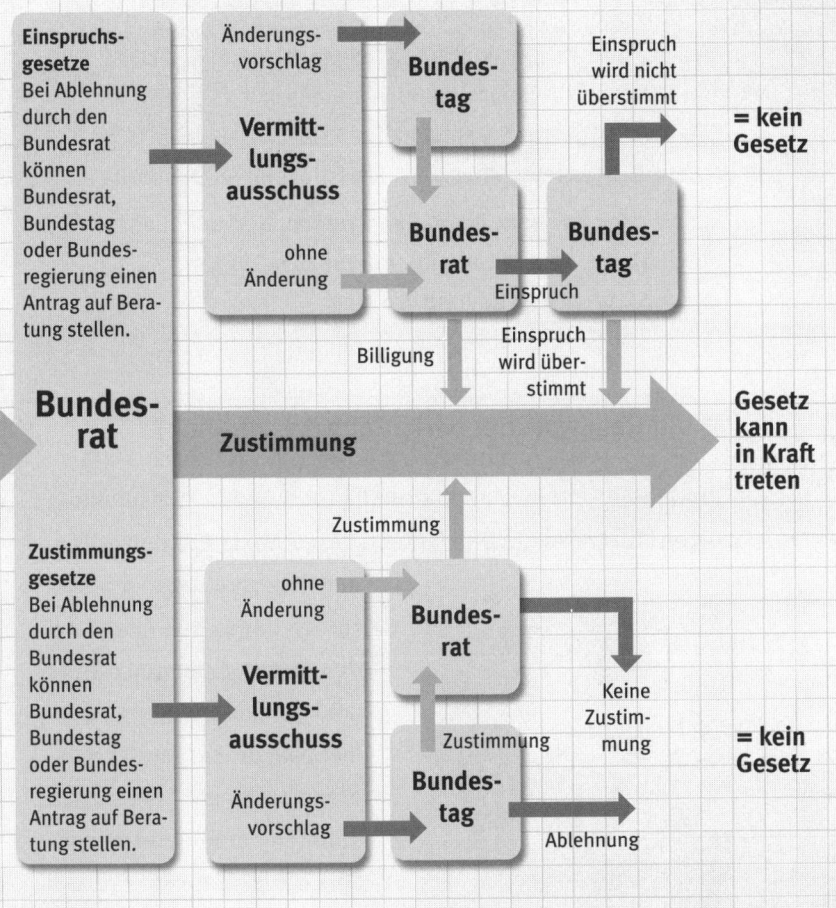

Einspruchs-gesetze
Bei Ablehnung durch den Bundesrat können Bundesrat, Bundestag oder Bundesregierung einen Antrag auf Beratung stellen.

Bundes-rat

Zustimmungs-gesetze
Bei Ablehnung durch den Bundesrat können Bundesrat, Bundestag oder Bundesregierung einen Antrag auf Beratung stellen.

Änderungs-vorschlag

Bundes-tag

Vermitt-lungs-ausschuss

ohne Änderung

Bundes-rat

Billigung

Zustimmung

Einspruch wird nicht überstimmt

= kein Gesetz

Bundes-tag

Einspruch

Einspruch wird über-stimmt

Gesetz kann in Kraft treten

Zustimmung

ohne Änderung

Bundes-rat

Vermitt-lungs-ausschuss

Zustimmung

Bundes-tag

Änderungs-vorschlag

Keine Zustim-mung

Ablehnung

= kein Gesetz

Politik und Medien

Als vor über 50 Jahren die erste deutsche Fernsehanstalt ihren Betrieb aufnahm, waren nicht alle von dem neuen Medium begeistert. Der damalige Präsident des Deutschen Bundestages telegrafierte an den Fernsehintendanten:

„Sah eben das neue Fernsehprogramm. Bedauere, dass Technik uns kein Mittel gibt, darauf zu schießen."
Nach *Süddeutsche Zeitung* v. 5.5.07

Ist nur das, worüber berichtet wird, wirklich?

Flutkatastrophe in einem afrikanischen Land: Fernsehbilder zeigen Flüchtende, die sich durch tiefes Wasser zu den rettenden Hubschraubern kämpfen. Frauen tragen ihre Kinder auf den Armen. Spendenaufrufe sind eingeblendet, das Geld fließt auf die Konten der Hilfsorganisationen. Menschen könnten damit gerettet werden; die Medien haben dabei geholfen.

Zur gleichen Zeit ein Erdbeben in einem abgelegenen

Rettung vor dem Wasser

Teil der Himalaja-Region: Tausende kommen um, Hunderttausende werden obdachlos. Keine TV-Bilder, keine Spendenaufrufe, die Katastrophe wird verzögert nur nachrichtlich erwähnt. Kurz: Für die Fernsehzuschauer findet das Ereignis nicht statt, denn für die meisten Menschen werden Themen erst wichtig, Ereignisse erst wahr, wenn darüber berichtet wird.

Übertragen auf die Politik hieße das: Politiker und politische Themen sind erst dann wirklich wichtig, wenn sie oft im TV zu sehen sind, wenn in den Medien möglichst oft über sie berichtet wird.

Allmacht der Medien?

Daran sieht man, welch großen Einfluss die Massenmedien auf die Meinungsbildung ausüben. Zu viel, wie Kritiker sagen, die von der „Allmacht der Medien" sprechen. Politiker könnten die Bereitschaft der Menschen, alles für wahr zu halten, was sie sehen, hören, lesen, ausnutzen, um Wählerstimmen zu bekommen. Dazu gehört natürlich, dass versucht wird, die Journalisten zu positiven Berichten zu bewegen. Unsinn, widersprechen andere. Die Leute sind kritisch genug. Sie wissen genau, was wahr und unwahr ist. Sie erkennen Lügen,

falsche Aussagen und leere Versprechen der Politik. Gerade die Vielfalt in den Medien, die zahlreichen unterschiedlichen Beiträge in Fernsehen, Rundfunk, Presse und Internet helfen ihnen, sich ein eigenes Urteil zu bilden, sich ein Bild darüber zu machen, was die Regierung vorhat, was die Opposition will, welche Politiker Ahnung haben und welche nicht. Die Diskussion über das Für und Wider, über Segen und Fluch der Massenmedien hält an und wird wohl noch lange nicht entschieden sein.

„Vierte Gewalt"

„Wie soeben berichtet wird, wurde der Stadtdirektor von W. gestern Abend verhaftet. Nach Angaben der Staatsanwaltschaft wird er der Korruption (Bestechlichkeit) verdächtigt. Er soll in nicht unerheblichem Maße Schmiergeld vom S.-Konzern erhalten haben. Als Gegenleistung setzte er im Stadtrat durch, dass der Konzern einen Großauftrag beim Bau einer neuen Straßenbahntrasse erhielt. Wie unser Korrespondent aus zuverlässiger Quelle erfuhr, ist mit einer Ausweitung des Bestechungsskandals auf höchste politische Kreise in der Landesregierung zu rechnen."

Solche Meldungen über Bestechungs- oder Korruptionsskandale hört man immer wieder. In diesem Fall geht es um die politischen Entscheidungen eines Kommunalpolitikers, die nicht das Wohl der Allgemeinheit zum Ziel hatten, sondern das eigene Interesse und das bestimmter einflussreicher Gruppen und Unternehmen, die Druck auf Politiker ausüben oder sie bezahlen. Zahlreiche Skandale beschäftigten im Laufe der Jahre die Staatsanwaltschaften und Gerichte.

Viele werden durch die Recherche von Journalisten aufgedeckt.

Dadurch gewinnen die Medien in der Gesellschaft eine gewisse Kontrollfunktion. Die Presse und ihr kontrollierender Einfluss auf die Politik wurden daher bereits vor Jahren als sogenannte **vierte Gewalt** im Staate bezeichnet. Das ist zwar so im Grundgesetz (neben Legislative, Exekutive und Judikative) nicht festgeschrieben, allerdings ist dort ausdrücklich die Pressefreiheit abgesichert. Mehrere Urteile des Bundesverfassungsgerichts haben sie bestätigt.

Wir sind die Quote!

Die Rolle der Medien hat in den letzten Jahren in Politik und Gesellschaft unseres Landes stark zugenommen. Nicht umsonst spricht man von einer „Mediendemokratie". Auch wenn die Pressefreiheit zugesichert ist, bleibt die Frage: Wer entscheidet eigentlich, was geschrieben und gesendet wird? Wer oder was bestimmt die Themenwahl, legt fest, dass das verletzte Knie eines Bundesligaspielers oder das Liebesleid eines bekannten Showstars wichtiger ist als die Situation der Sozialhilfe-Empfänger oder eine Entscheidung der Regierung zum Bundeswehreinsatz?

Natürlich sind die Redakteure grundsätzlich frei in der Auswahl der Themen. Aber im Hintergrund von Zeitungen und Fernsehanstalten stehen Werbekunden. Diese wollen möglichst viele Menschen erreichen mit ihren Anzeigen und Spots.

Das bedeutet: Quote ist alles! Und die Mehrheit der Menschen

will vor allem Unterhaltung. Manche Sender, Zeitschriften und Zeitungen bringen die auflagen- bzw. quotensteigernden Themen ohne Rücksicht auf Fakten und Genauigkeit. Den Lesern und Zuschauern wird ein Zerrbild präsentiert und nicht die Wirklichkeit des Lebens. Oft geht es in den Beiträgen um reine Stimmungsmache, ohne dass genau nachrecherchiert wird.

Politiker nutzen diese Art der Berichterstattung oft bei ihren Auftritten im TV aus: Hauptsache, der Zuschauer wird unterhalten. Was genau er über die Politik erfährt, ist dabei Nebensache. Es kann vorkommen, dass Politiker, die gut in der Öffentlichkeit auftreten können, erfolgreicher sind als zurückhaltendere Kollegen, obwohl deren Fachkenntnis vielleicht größer ist. Hinzu kommt, dass immer mehr Medien in der Hand eines einzigen Besitzers sind. Auch das verhindert die Veröffentlichung eines neutralen und vielfältigen Meinungsbildes, wie es eigentlich Aufgabe von Journalisten und Medien sein sollte.

Eines steht fest: So wie wir sagen können: „Wir sind der Staat!", gilt auch: „Wir sind die Quote!" Wenn wir diese Zeitung nicht kaufen, jene Sendung nicht sehen, sinkt die Quote und vielleicht ändert sich das Programm oder der Zeitungsinhalt. Mit dem Einschaltknopf kann man auch Politik machen und sinnvoll ist es auf jeden Fall, sich in möglichst vielen verschiedenen Medien zu informieren. Man sollte sich niemals blind auf die Informationen der Medien verlassen, denn sie werden von Menschen gemacht und Menschen sind nicht objektiv.

Was tut der Staat für uns?
Über Wirtschafts- und Sozialpolitik

Die Aufgaben des Staates

Zu den wichtigsten Aufgaben des Staates zählt die Gesetzgebung. Es gibt aber noch viele andere wie etwa den Schutz der Bürger vor innerer und äußerer Bedrohung, den Umweltschutz und die Beziehungen zu den anderen Ländern in der Welt. Der Bau von Straßen, Eisenbahnen, Flugplätzen, Schulen und Krankenhäusern gehört zu seinen Aufgaben ebenso wie Maßnahmen und Aktivitäten zur Steuerung des Wirtschaftslebens, der Finanz- und Sozialpolitik. Wir merken es ganz direkt in unserem täglichen Leben, wenn die Wirtschaft nicht gut funktioniert, wenn der Staat zu viele Schulden hat, die Sozialleistungen kürzen und die Steuern erhöhen muss.

Wie funktioniert die Wirtschaft?

Flohmarkt auf dem Gelände der Heinemann-Gesamt-
schule: Michael und seine Freunde sind mit einem eigenen Stand mit Büchern und CDs dabei. Es läuft gut:
Die Jungs verdienen bis zum Mittag über hundert Euro.
Sie sollen, das ist die Auflage für alle Verkäufer, zehn
Prozent ihres Umsatzes spenden, damit der Musikpa-
villon der Schule endlich renoviert werden kann. „Läuft
prima!", freut sich Michael, „wenn es so weitergeht,
dann haben wir am Abend zweihundert."
Doch dann wird das Geschäft schlechter. Weniger Kun-
den kommen, die Jungen müssen die Preise von 1,50
Euro auf 50 Cent für eine CD senken. Mehrere Jugend-
liche fragen nach Computerspielen, die aber an Michaels
Stand nicht zu haben sind.
„So läuft das eben in der Wirtschaft", erklärt Niklas,
Michaels Freund. „Guck mal dahinten!" Er zeigt ein paar
Stände weiter. „Der Laden brummt wie verrückt. Das
sind Profis, die haben das richtige Angebot, Computer-
spiele und so."
„Aber Profis dürften gar nicht hier sein", wendet Michael
empört ein. „Und wer weiß, was für Killerspiele die an
die Kids verscheuern!"
„Wieso, in der Wirtschafts-AG hatten wir, dass es in
Deutschland freie Marktwirtschaft gibt. Jeder darf so
viel Knete machen, wie er will! So easy ist das!"

Kontrollieren und eingreifen, wenn es sein muss

Ganz so einfach, wie Niklas das in seiner AG gelernt haben will, funktioniert die Wirtschaft in Deutschland nicht. Er spricht von der **freien Marktwirtschaft.**

„Freie Marktwirtschaft"

Der Flohmarkt (Marktwirtschaft) wird von der Schulverwaltung (dem Staat) organisiert. Die sorgt dafür, dass die Veranstaltung reibungslos abläuft, dass keine Prügeleien oder sonstige Störungen entstehen. Sie kümmert sich aber nicht darum, was mit welchen Methoden angeboten, verkauft und gekauft wird.

Auf die Wirtschaft übertragen hieße das: Alle können mit ihrem Privateigentum, das der Staat schützt, tun und lassen, was sie wollen. Es gibt keine Einschränkungen. Jeder (die Betriebe, Unternehmen, Einzelne) darf handeln und verkaufen, was und so viel er will. Es gibt keine Vorschriften dafür, wie er die Produkte herstellt und sie an die Käufer bringt. Der Unternehmer kann Leute einstellen, ihnen bezahlen, was er will, und sie auch wieder entlassen, sobald das, was er herstellt, nicht mehr gefragt wird oder zu teuer ist.

In Deutschland herrscht weder freie Marktwirtschaft noch **sozialistische Planwirtschaft*** wie im ehemaligen zweiten deutschen Staat, der DDR. Dort wurde alles zentral von der

Regierung nach einem Plan gesteuert, auch Preise und Löhne waren festgelegt. Das System war zu schwerfällig, reagierte zu langsam auf Entwicklungen und funktionierte daher nicht gut. Außerdem waren die Menschen in ihrer Arbeit nur wenig motiviert, weil es kaum private Betriebe gab und sie ihre eigene Situation durch Fleiß nicht verbessern konnten.

In unserem Land heißt die Wirtschaftsform **„soziale Marktwirtschaft".** Der Staat hält sich dabei weder völlig heraus, noch kontrolliert er alles. Er greift steuernd ein, um dafür zu sorgen, dass der Wohlstand nicht zu ungleich verteilt ist.

Im Flohmarkt-Beispiel bedeutet das: Ein Vertreter der Verwaltung, also ein Lehrer, passt auf, dass keine Profis auf einer für Schüler reservierten und für einen bestimmten Zweck gedachten Veranstaltung mitmischen und zum Beispiel mit dem Verkauf von Pornos oder gewaltverherrlichenden Spielen gegen den Jugendschutz und andere gesetzliche Vorschriften verstoßen. Auf unseren Staat übertragen heißt das: Der Staat hat ein Auge auf die wirtschaftlichen Abläufe. Er kontrolliert und greift ein, wenn es sein muss, denn als sozialer Staat will er bestimmte Ziele erreichen.

Grundsätzlich gilt in der sozialen Marktwirtschaft: **Die Wirtschaft darf nicht auf Kosten der Schwachen gehen.** Privateigentum ist in unserem Land geschützt, allerdings verpflichtet es auch, wenn jemand reich ist. Aus Steuern und Sozialabgaben finanziert der Staat die Sozialleistungen für Arme, Kranke, Arbeitslose, Arbeitsunfähige etc.; Menschen in Not, die sich nicht selber helfen können, werden abgesichert.

Es darf auch um des guten Verdienstes wegen nicht mit den Mitarbeitern umgesprungen werden, wie man will. Der Mitarbeiter genießt „Kündigungsschutz".

Es kann weder auf unserem Flohmarkt noch in der großen Wirtschaft mit Produkten gehandelt werden, welche die Sicherheit anderer gefährden – zum Beispiel Waffen. Der Kenner lacht an dieser Stelle: Als wenn man das alles kontrollieren könnte! Natürlich wird Handel mit verbotenen Produkten getrieben, aber der Staat versucht, das weitestmöglich zu unterbinden.

Auch soll kontrolliert werden, dass in der Wirtschaft nicht gegen die Bestimmungen des Umweltschutzes verstoßen wird.

Außerdem dürfen sich Betriebe nicht zusammentun, um die Preise zu bestimmen und die kleineren Firmen damit zu schädigen. Eine eigene Behörde, das Bundeskartellamt, überwacht das.

Von Haushalt und Schulden – die Finanzpolitik

Als Schüler bekommt man von den Eltern Taschengeld, vom Onkel 10 Euro zum Geburtstag, von den Eltern 20 für das passable Zeugnis. Meistens ist es nach kurzer Zeit weg. Wieder mal schlecht „gehaushaltet" …

„Haushalten" muss auch der Finanzminister. Er ist für den **Haushalt** des Staates (in der Fachsprache „Etat" genannt) zuständig. Sein „Taschengeld" sind die Steuern von den Privatleuten, den Firmen und Betrieben und was der Staat sonst noch alles an Gebühren und Gewinnen (zum Beispiel aus Gebäuden, Grundstücken, Unternehmen im Staatsbesitz) einnimmt.

Aber dieses Geld liegt nicht auf einem Konto, sondern wird vom Finanzminister und von seinen Ministerkollegen und -kolleginnen ausgegeben – für den Straßenbau, die Sozialausgaben, die Bundeswehr, die Verwaltung, den Schutz der Umwelt und für Tausende andere Dinge. Diese Kosten sind schon seit vielen Jahren höher als die Einnahmen. Der Finanzminister muss neue Kredite aufnehmen, die wieder Zinsen kosten. So wächst der Schuldenberg des Staates.

DIE SCHULDEN UHR

Im Augenblick, da diese Zeilen geschrieben werden, zeigt die „Schuldenuhr" über dem Eingang des Berliner Büros des Bundes der Steuerzahler die gigantische Summe von 1 581 991 743 552 Euro. Das sind fast 1,6 Billionen. Diese Staatsschulden wachsen durch die anfallenden Zinsen pro Sekunde um 1 056 Euro. Es sind auch unsere Schulden und jeder Bürger, egal ob Baby oder Greis, steht im Moment mit über 17 000 Euro in der Kreide.

Jeder Einzelposten im Gesamthaushalt wird von der Regierung geplant und aufgestellt: Jeder Fachminister sagt, was er für das kommende Jahr an Geld braucht, wie groß sein Etat sein muss. Wenn sich die Bundesregierung einig ist, werden alle Haushaltsposten im Bundestag diskutiert. Das Parlament muss den neuen Haushalt einschließlich neuer geplanter Schulden genehmigen. Ist das nicht der Fall, muss die Regierung den Haushalt überarbeiten.

Viele Millionen Euro braucht zum Beispiel Jahr für Jahr der Bundesminister für Arbeit und Soziales. Nicht weil er viel Geld für Arbeit ausgeben muss, sondern für „keine Arbeit". Ein Widerspruch?

Herr Röder verliert seine Arbeit. Jetzt hat er für eine bestimmte Zeit Anspruch auf Arbeitslosengeld (ALG I). Die Höhe ist davon abhängig, wie lange er gearbeitet und damit einen bestimmten Betrag von seinem Lohn in die Arbeitslosenversicherung eingezahlt hat, wie viel er verdient hat und wie alt er ist. Die Arbeitslosigkeit kostet den Staat viele Millionen Euro jährlich, denn neben Herrn Röder sind fast vier Millionen Menschen arbeitslos. Das Angebot (an Menschen, die arbeiten wollen) ist zurzeit höher als die Nachfrage (der Firmen nach Arbeitskräften). Wenn Herr Röder wieder Arbeit hat, ist er, wie es im Amtsdeutsch heißt, wieder in den Arbeitsmarkt „eingegliedert". Für Langzeitarbeitslose und Bedürftige gibt es unterstützende Hilfe (ALG II, umgangssprachlich Hartz IV) bzw. Sozialhilfe.

Vertreter der Arbeiter und Angestellten sind übrigens die Gewerkschaften[*]. Nicht jede Arbeitnehmerin und jeder Arbeitnehmer kann schließlich einzeln über seinen Lohn oder die Anzahl der Urlaubstage verhandeln. Was bei diesen Verhandlungen herauskommt, ist der Tarifvertrag.

I Arbeitssuchende

Dauerversorgung?

Aus der „Aktuelle Diskussion"-Talkshow vom letzten Montag (Thema: **Wie viel Sozialstaat können wir uns noch leisten?**):

Abgeordnete Wagenseil: „Ihre Ansichten sind einfach unerträglich!" *(Beifall im Publikum)*
Abgeordneter Hackbarth: „Und ich sage trotzdem, die Bürgerinnen und Bürger in unserem Lande sollten mehr Verantwortung für sich selber übernehmen."
Wagenseil: „Das heißt bei Ihnen doch nichts anderes als rigorose Kürzung der Sozialausgaben."
Hackbarth: „Nennen Sie es, wie Sie wollen. Unser Staat kann sich die Dauerversorgung von Millionen Menschen, denen der Wille zur Eigenverantwortung fehlt, einfach nicht mehr leisten. Die finanzielle Versorgung der Arbeitslosen und Sozialhilfeempfänger führt doch nur dazu, dass die Betroffenen keinerlei Bereitschaft mehr haben, sich aus ihrer Lage zu befreien!"
(Rufe aus dem Publikum: „Dann schafft endlich mehr Arbeit!")
Wagenseil: „Da hören Sie, wo das Problem liegt. Und es ist unverantwortlich, wenn die Kürzungen im Sozialbereich stets einseitig auf Kosten der Schwachen durchgeführt werden! Und weil Sie so gerne das Wort Verantwortung im Munde führen ..."

Hackbarth: „Eigenverantwortung ..."

Wagenseil: „... sozial gerecht kann eine Politik nur sein, wenn die Reichen in diesem Land stärker in die Verantwortung mit einbezogen werden und nicht nur an die Vermehrung ihres Vermögens denken, während die Armen immer ärmer werden!"

Hackbarth: „Ob Sie es einsehen oder nicht: Die Zukunft unseres Staates kann nur in der Stärkung der Leistungsbereitschaft aller Bürger liegen und nicht mehr in der Rundumversorgung für alle. Sonst werden unser Staat und unser Volk schweren Schaden nehmen."

(Ruf aus dem Publikum: „Wenden Sie lieber Schaden vom Volke ab, indem Sie Ihren Hut nehmen und verschwinden!" – Gelächter, Beifall)

Gehrmann (entnervt): „Aber ich bitte Sie, meine Damen und Herren ..."

Probleme des Sozialstaates

Die Bundesrepublik Deutschland ist ein Sozialstaat. Dieser garantiert laut Grundgesetz seinen Bürgern soziale Gerechtigkeit. Niemand soll mit Problemen und schwierigen Umständen, in die er geraten ist, alleingelassen werden. Der Staat kümmert sich um die Schwachen, im Gegenzug sollen die Bürger, die regelmäßig verdienen, mit ihren Steuern und Abgaben dazu beitragen, dass diese Sozialausgaben finanziert werden können. Sie betreffen z. B. Gesundheit, Rente, Arbeitslosigkeit, Pflege, Unfall, daneben Kinder- und Jugendhilfe, Wohngeld und vieles andere mehr.

Für das aus dem Lateinischen kommende Wort „sozial" nennt das Lexikon mehrere Bedeutungen, z. B.: 1. die menschliche Gemeinschaft betreffend; 2. das Gemeinwohl betreffend; der Allgemeinheit nutzend; 3. gemeinnützig, wohltätig, hilfsbereit; 4. die gesellschaftliche Stellung betreffend.

Häufig hört man den Vorwurf, die Bürger würden den Sozialstaat ausnutzen, sich so viel Geld wie möglich sichern und nichts dafür tun, z. B. sich, wenn sie arbeitslos sind, nicht mehr um Arbeit bemühen. Sicher gibt es solche Fälle. Kürzungen der Sozialleistungen und strengere Überwachung der Empfänger werden darum gefordert. Tatsächlich muss der Staat sehr genau darauf achten, wo seine Gelder hinfließen – denn er kann es sich nicht leisten, Geld mit vollen Händen an Leute zu verteilen, die sich auch selbst ernähren könnten. Die Sozialleistungen sind nur als Hilfestellung in Notsituationen gedacht, nicht als Dauerversorgung. Wenn die Zahl der Geldempfänger zu hoch wird, der Staat kein Geld mehr hat, kann er nicht mehr sozial handeln, kann er nicht

Woher kommt das Geld für die Sozialleistungen?

Ein großer Teil kommt von den Wirtschaftsunternehmen, von deren Beiträgen für die Versicherungen; fast genauso viel Geld müssen die Arbeitnehmer in die Versicherungen einzahlen; der drittstärkste Geldgeber ist der Staat selber mit seinen Zuschüssen. Das Geld dafür nimmt er aus seinen Steuereinnahmen; ein weiterer Posten kommt von den Ländern und Gemeinden.

mehr – das meint letztlich der Abgeordnete Hackbarth – seinen Grundgesetzauftrag erfüllen, allen Bürgern soziale Gerechtigkeit zu gewährleisten.

Was würde passieren, wenn es den Staat und seine Sozialpolitik nicht gäbe? Könnten wir alleine zurechtkommen? Robinson auf seiner Insel könnte es vielleicht, aber nur wenn er Arzt wäre und sehr gesund lebte, nicht vom Baum fiele oder von einem Affen gebissen würde und immer schön Vorräte anlegte, damit er keinen Hunger leiden müsste. Wenn es ihm dreckig geht und er das alles nicht schafft, ist es aus mit ihm, denn einen Staat gibt es nicht. Zehn oder hundert Robinsons würden es vielleicht schaffen, alleine durchzukommen auf ihrer einsamen Insel, aber keine Million. Sie müssten sich organisieren, eine Ordnung schaffen, einen Staat gründen mit Strukturen, die für die Bedürfnisse dieser vielen Menschen sorgen.

Wir brauchen den Staat, der Staat braucht uns.

Der deutsche Staat besteht aus über 80 Millionen Einzelpersonen. Er stützt sich auf die Leistungskraft seiner Bürger. Nur wenn die Deutschen arbeiten und Steuern zahlen, kann der Sozialstaat funktionieren. Dabei gilt der sogenannte **Generationenvertrag:** Wer arbeitet und Steuern und Versicherungsbeiträge zahlt, verdient sich das Recht, später als Rentner von den Jüngeren finanziert zu werden. Die Millionen Kinder und Jugendlichen in Deutschland, so wird gerne in den Sonntagsreden der Politiker verkündet, sind die Zukunft unseres Staates – und schon hört man einen lauten Ruf:

 „Hilfe, wir sterben aus!"

Info zur Geburtenrate – Gegenwärtig bekommt rein statistisch gesehen jede Frau in Deutschland zwischen 15 und 45 Jahren 1,3 Kinder. Damit liegen wir fast am Ende der Skala von über 190 Ländern, die es auf der Welt gibt (in Somalia, das auf Platz eins liegt, kommen auf 1 000 Einwohner jedes Jahr 50 Babys, in Deutschland nur knapp neun).

Ein Beitrag in einem Fernsehmagazin: Die Kamera zeigt eine Säuglingsstation in einem Krankenhaus. Lauter kleine Rollbetten, bis auf eines sind alle leer. Eine Kinderschwester erzählt: „Als ich vor 30 Jahren hier in St. Joseph anfing, gab es selten ein freies Bett. Zwei oder drei Kinder in jeder Familie waren selbstverständlich. Hier sehen Sie, unser einziger kleiner Bewohner zurzeit!" Die Schwester tritt an ein Bettchen und zeigt auf ein Baby. „Das ist die kleine Emily. Es wird allmählich Zeit, dass die hier Gesellschaft kriegt, sonst langweilt die sich noch!"
Es folgt ein Ausschnitt aus einer Bundestagsdebatte zum Thema Familienpolitik. Redner aller Fraktionen beklagen die niedrige Geburtenrate in Deutschland. Wenn das so weitergehe, können in absehbarer Zukunft die

Dieses Paar hat statistisch gesehen 0,7 Kinder über dem deutschen Durchschnitt.

Renten nicht mehr gesichert werden und am Ende sterben die Deutschen aus. Ein Horrorszenario – daher die Forderung:

Die Politik muss endlich was tun!

Davon hat das junge Paar in einer Kölner Fußgängerzone offenbar noch nichts mitbekommen. Für die Fernsehsendung befragt, ob sie Kinder planen, sagen beide kurz und bündig: „Nein danke!" Und warum diese ablehnende Haltung? Die Politik, diese Gesellschaft seien nicht kinderfreundlich. Kinder hätten in ihr keinen Platz. Kinder und Karriere lassen sich bei Frauen nicht vereinbaren, beschwert sich die junge Frau.

Das Thema „geringe Geburtenrate" hört man häufig in den Diskussionsrunden der Medien. Experten werfen mit Statistiken nur so um sich, viele Untersuchungen sollen belegen, warum die Zahl der Geburten immer niedriger wird. Ist der Grund schlechte Familienpolitik? Oder ist die Arbeitslosigkeit schuld, fehlende Kindergärten, Kindertagesstätten, Krippenplätze? Die Liste möglicher Ursachen ließe sich sicher noch verlängern und hinweisen könnte man noch auf eine Studie des UN-Kinderhilfswerkes (UNICEF), wonach Deutschland bei der Kinderfreundlichkeit nur Mittelmaß ist.

Wenn sich all das nicht ändere, setze die Bundesrepublik ihre „Zukunftsfähigkeit" aufs Spiel, heißt es.

Bricht das System zusammen?

Was passiert, wenn statt drei – wie heute – in einigen Jahrzehnten nur noch zwei junge Menschen einen alten, der lange seine Rente genießt, durch ihre Arbeit und Abgaben finanzieren müssen? Wenn der Generationenvertrag nicht mehr funktioniert?

Das System wird zusammenbrechen, sagen Wissenschaftler und Politiker voraus. Dabei geht es nicht nur um

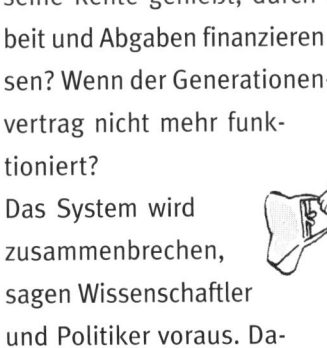

Renten, sondern auch um Nachwuchskräfte für die Wirtschaft. Es muss also gehandelt werden.

Die Familienpolitik ist gefragt. Mehr Kindergarten- und Krippenplätze sollen eingerichtet werden, damit Frauen Beruf und Kinder vereinbaren können. Auch ein Elterngeld wurde beschlossen (prompt kam es nach neuesten Statistiken in einigen deutschen Städten zu einem Anstieg der Geburten). Und nach dem „Pisa-Schock" von 2000, als die deutschen Schüler in einem internationalen Leistungsvergleich sehr schlecht in den Fächern Mathematik, Lesefähigkeit und Naturwissenschaften abschnitten, ist die Politik bemüht, im deutschen Bildungssystem wieder aufzuholen. Erste Erfolge der Bemühungen zeigten sich in der „Pisa-Studie" von 2003. Damit mehr ausländische Fachkräfte in Deutschland arbeiten können, wird über die Lockerung von Zuwanderungsbestimmungen diskutiert.

Auch in der Politik für alte Menschen gibt es Veränderungen. Es soll künftig bis 67 gearbeitet werden (gibt es denn überhaupt so viel Arbeit?), damit die jungen Menschen nicht zu stark durch die Rentenbeiträge belastet werden.

„Politikverdrossenheit"

Nicht für uns gemacht!

Viele Fragen und Probleme, die gelöst werden müssen, tauchen fast täglich in einer Massengesellschaft wie der unsrigen auf. Die Skala reicht von Arbeitslosigkeit bis Rechtsradikalismus, von Staatsfinanzen, Umweltschutz, Bekämpfung des Terrorismus bis Außenpolitik. Vor diesen Fragen stehen unsere Politiker tagein, tagaus. Über zahlreiche politische Vorhaben wird in den dafür zuständigen Regierungs- und Verwaltungsstellen beraten und diskutiert. Es werden Gesetze und Maßnahmen beschlossen.

Die Politiker als diejenigen, welche Entscheidungen treffen müssen und sie durchsetzen können, stehen ständig unter Druck. Der entsteht schon deswegen, weil Politiker wiedergewählt werden wollen. Und wenn gehandelt wird, wenn neue Vorschriften und Gesetze entstehen, wenn staatliche Maßnahmen greifen, dann gibt es immer Menschen, für die sich diese Maßnahmen nachteilig auswirken. Die Politik kann nicht für alle gut sein. Immer sagt jemand:

„Unter 18 hab ich sowieso nichts zu sagen!"

„Man kann eh nichts ändern!"

„Ich wüsste echt nicht, wen ich wählen soll."

„Die streiten doch nur."   „Die sagen alle dasselbe."

„Politik ist ein schmutziges Geschäft."

„Wer kümmert sich schon um uns!"

„Die versprechen viel und halten nichts!"

Politikverdrossenheit ist ein relativ neues Wort. Immer mehr Menschen interessieren sich nicht für Politik, besonders Jugendliche. Sie verfolgen die aktuellen Themen in der Politik nicht, gehen nicht wählen, wollen sich nicht engagieren.

Keinem kann man es recht machen!

Politiker haben in der Öffentlichkeit einen schlechten Ruf. Zusammen mit Fernsehmoderatoren und Gewerkschaftsführern rangierten Politiker auf dem letzten Platz einer Meinungsumfrage von 2005 (an erster Stelle von 22 Berufsgruppen rangierte der Arztberuf, an zweiter die Krankenschwester, an dritter der Polizist).

„Politiker sind korrupt, nur an ihrer Karriere interessiert, haben kein offenes Ohr für ihre Wähler und für die Belange der

Jugendlichen schon gar nicht. Politiker hören viel zu sehr auf die Lobby*. Sie bilden eine eigene Klasse, die sich streng absondert von der übrigen Menschheit, arrogant auftritt und eigentlich gar kein Interesse daran hat, dem Gemeinwesen zu dienen", so hört man landauf, landab.

Viele Vorwürfe sind vielleicht berechtigt, aber eigentlich stehen die Politiker, auch die anständigsten und fähigsten, auf verlorenem Posten: Recht machen können sie es nie allen Menschen. Sie nehmen einen sichtbaren Platz in der Gesellschaft ein, Fehler können sie nicht verstecken. Jede Meinungsverschiedenheit in der Regierung wird von der Presse genüsslich breitgetreten. Dabei wird oft vergessen, dass in einer Demokratie gestritten werden muss, denn zum Glück leben wir nicht in einer Diktatur oder einem Staat mit einer Einheitspartei.

Oft sind Politiker selbst frustriert, weil notwendige Maßnahmen nur so langsam umgesetzt werden oder weil aus Rücksicht auf die vielen verschiedenen Faktoren nicht so viel getan werden kann, wie eigentlich nötig wäre. Geld, das zum Beispiel zusätzlich für Bildung ausgegeben werden soll, muss woanders eingespart werden. Ein neues Wirtschaftsgesetz bringt nicht nur Vor- sondern auch Nachteile, die sorgfältig abgewogen werden müssen.

Der Traum jedes Politikers: neue Wähler gewinnen!

Eines ist jedoch klar: Die Politiker brauchen Wähler, denn so funktioniert die Demokratie. Besonders stark ist der Blick auf die Jungwähler gerichtet, denn alle Politiker kennen natürlich die Statistiken, wonach immer weniger 18-Jährige zu den Wahlen gehen.

Neue Wähler braucht das Land! Politiker werden alles tun, um sie zu gewinnen. Denn nur wenn sie in einem Parlament sind, können sie mitwirken und entscheiden. Und umgekehrt können auch wir mit entscheiden, wenn wir zur Wahl gehen. Nicht wählen zu gehen, ist die dümmste politische Entscheidung, die wir treffen können.

Das Dilemma der Politiker ist, besonders im Wahlkampf viel versprechen zu müssen, um gewählt zu werden. Dabei müssen sie mehr über das Positive, mehr über die Chancen in der Zukunft als über die Probleme reden. Und wir, die Wähler, wollen das Positive natürlich lieber glauben und sind umso enttäuschter, wenn wieder mal nach der Wahl Versprechen gebrochen wurden. Dann wird gemeckert und jemand sagt: „Mach's doch erst mal besser!"

Sollen wir selber Politiker werden? Oder sind wir es vielleicht schon? Können wir uns richtig einmischen in den Apparat, der uns regiert? Oder sind wir nur Steuerzahler und dürfen alle paar Jahre wählen?

Sind wir alle Politiker?

> „Ich warne vor dem Entstehen einer Zuschauer-
> Demokratie ... Die Menschen meinen, nicht mehr
> mittun zu müssen. Sie schalten den Fernseher ein
> und erleben Politik als Zuschauer."
> **Wolfgang Thierse,** Vizepräsident des Deutschen
> Bundestages, in der *Passauer Neuen Presse, 24.4.07*

Einmischen

Große Menschenansammlung auf einem freien Feld
vor einem Wohngebiet; Transparente mit der Auf-
schrift Keine MVA in unserer Gemeinde! Wir lassen
uns nicht vergiften! Recyceln statt verbrennen!.
Eine Lautsprecherstimme hallt über das Feld. Vertreter
der Wirtschaft sprechen von neuen Arbeitsplätzen, die
durch den Bau der neuen Müllverbrennungsanlage ge-
schaffen würden. Ein Experte antwortet mit Zahlen über
die Anreicherung der Luft durch CO_2 und krebserregen-
des Dioxin. Ein Abgeordneter des Landtages malt die
Entwicklungschancen der Region mit der Ansiedlung
weiterer Betriebe in rosigen Farben. Der Sprecher der
Bürgerinitiative[*] fordert den Stopp aller Planungen für
die Müllverbrennungsanlage. Er zitiert aus Gutachten

über die Schadstoffbelastung und kündigt ein Bürgerbegehren* an. Die letzten noch fehlenden Unterschriften würden gerade eingeholt. Er weist auf einen Stand hin, wo die Listen ausliegen und die Leute unterschreiben können. Es herrscht reger Andrang.

Die Menschen sind gegen die Müllverbrennungsanlage in der Nähe des Wohngebiets. Sie haben in ihrer Stadt die Möglichkeit, direkte Demokratie auszuüben. Sie sind, wie die Athener Bürger, die sich vor 2 500 Jahren auf dem Marktplatz versammelten, in dieser Stunde alle Politiker. Sie äußern ihre Meinung und setzen sie durch zum Wohle des Gemeinwesens und damit zu ihrem eigenen Wohle, auch wenn sie sich damit im Gegensatz zu den gewählten Politikern befinden.

Protestieren

Am Rande der oben beschriebenen Demonstration gegen die geplante Müllverbrennungsanlage haben Schüler einen Infostand zum Thema Umwelt aufgebaut. Auf

Schautafeln sind Fotos, Collagen und Zeitungsausschnitte über die wahrscheinlichen Folgen der Erderwärmung zu sehen. **Was nützt die ganze Politik, wenn die Welt in 50 Jahren untergeht?** steht auf einem Plakat in dicker schwarzer Schrift. Ein Mädchen singt zur Gitarre.

Manch älterer Teilnehmer an der Kundgebung bleibt stehen und erinnert sich daran, wie er vor etlichen Jahren Woche für Woche mit vielen anderen jungen Menschen auf die Straße gegangen ist, an einer der zahlreichen Kundgebungen und Veranstaltungen mit Musik und Straßentheater teilgenommen hat, die sich gegen gesellschaftliche Missstände und die herrschende Politik richteten.

„Politik der Straße"
In den 1960er-Jahren entstand in der Bundesrepublik Deutschland eine große Protestbewegung. „Politik der Straße" wurde sie auch genannt. Sie ging von Jugendlichen und Studenten aus. Zuerst richtete sie sich gegen die schlechten Bedingungen

an den Universitäten. Später schlossen sich immer mehr junge Menschen an, Aktionen und Proteste weiteten sich aus. Ihre Kritik richtete sich gegen die Politik der damals regierenden „Großen Koalition" aus den großen Volksparteien CDU/CSU und SPD. Wöchentlich gab es riesige Protestzüge durch die Städte. Auch in anderen westlichen Staaten entstanden Protestbewegungen – so zum Beispiel in den USA, wo es heftige Demonstrationen gegen den Vietnamkrieg gab, die auch auf Deutschland übergriffen. In Deutschland bezeichnete man sie als außerparlamentarische Opposition (APO). Da es im Bundestag keine starke Opposition mehr gab, musste sie eben auf der Straße stattfinden.

Politik der Straße der außerparlamentarischen Opposition

Die APO löste sich in den 7oer-Jahren wieder auf. Es gab und gibt allerdings immer wieder große Protestaktionen und Bürgerinitiativen, zum Beispiel gegen den Bau neuer Atomkraftwerke, gegen bestimmte Waffensysteme, gegen die Überwachungsmethoden des Staates, gegen Rechtsradikalismus und Krieg, gegen zu niedrige Löhne, zunehmende Arbeitslosigkeit und damit verbundene schlechte soziale Absicherung. Das Recht, sich zu solchen Demonstrationen zu versammeln und Aktionen zu starten, ist im Grundgesetz abgesichert.

Mitreden

Im Rathaussaal: Sitzung des Kinder- und Jugendparlaments, das viermal im Jahr zusammenkommt. Es besteht aus Vertretern und Vertreterinnen der 6.–12. Klassen aller Schulen der Stadt. Sie werden für zwei Jahre gewählt. Anna ist mit anderen Klassensprechern ihrer Schule eingeladen. Anders als bei Diskussionen in der Klasse ist die Stimmung relativ ruhig und sachlich. Anwesend sind auch der stellvertretende Bürgermeister und der Jugendreferent der Verwaltung.

Ein Tagesordnungspunkt ist die „Aktion Sicherer Schulweg". Ein Vertreter der Heinemann-Schule beklagt mangelnde Sicherheit bei Übergängen an zwei Bundesstraßen in Schulnähe. Eine Sprecherin reicht Fotos herum. Die Schüler können einen ständig zugestellten und zugemüllten Radweg am Nordpark nicht benutzen. Sie sind gezwungen, einen stark befahrenen Kreisverkehr zu queren, um zur Schule zu gelangen.

Eine Arbeitsgruppe, bestehend aus vier Schülerinnen und Schülern, wird beauftragt, einen Bericht zu schreiben, in dem die hier vorgebrachten Kritikpunkte ausführlich und exakt aufgeführt werden. Er soll den zuständigen Stellen in der Stadtverwaltung vorgelegt werden. Hoffentlich würde der Bericht auch gelesen, bemerkt ein Sprecher, sonst müsse man sich an die Presse wenden. Der stellvertretende Bürgermeister versichert eilig (denn er will mit dieser Angelegenheit nicht in die Zeitung), dass man sich im Stadtrat um die Sache kümmern werde. Wenn nichts passiert, meint ein Schülersprecher, werde man nachhaken.

> „Der Drang, sich aktiv an den Problemen der Gesellschaft zu beteiligen und mit zu entscheiden, ist ein Potenzial, das leicht verspielt werden kann, wenn niemand zuhört. Dieses Engagement in Kinderparlamenten und für lokale Projekte ist ein Übungsfeld für die Zukunft, um Kraft zu entwickeln, Ideale umzusetzen."
>
> *WDR 5, „Zukunft ungewiss? – die Aussichten der Kids", 6.5.2007*

Die Runde der jungen Politikerinnen und Politiker im Jugendparlament berät weiter, in welcher Form man sich an einer Veranstaltung der Gewerkschaftsjugend gegen Neonazis und rechte Gewalt beteiligen soll. „Die Scheiß-Faschos verteilen ihre Propaganda-CDs auf unserem Schulhof", empört sich ein Schüler der 10. Klasse der Heinemann-Schule. Auch andere haben schon von dieser Aktion der Neonazis gehört. Die Sache soll auf jeden Fall in der Antirechts-Veranstaltung zur Sprache gebracht werden, beschließt das Parlament nach kurzer Diskussion. Außerdem solle jeder die Lehrer informieren, sobald er von so einer CD-Verteilaktion Wind bekomme.

Kinder und Jugendliche beraten über Probleme der Umwelt.

Gestalten

Einmischen, Protestieren, Mitreden: alles eine Form des Ge-
staltens der Politik. **Schule als *polis*, Gemeinde als *polis*,
Staat als *polis*** – die Gesellschaft funktioniert nicht, wenn wir
nicht alle Politiker sind. Das soll nicht heißen, dass wir alle in
eine Partei eintreten oder uns zur Wahl stellen müssen –
wobei auch das möglich ist. Alle Parteien haben ihnen zu-
gehörige Jugendorganisationen, in denen sich politikinteres-
sierte junge Menschen engagieren können. Darüber hinaus
gibt es verschiedene unabhängige Organisationen, die sich
für den Frieden, die Umwelt, Toleranz und viele andere Dinge
einsetzen. Ein solches Engagement ist vielleicht nicht jeder-
manns Sache. Aber ein wenig Bescheid zu wissen über die
Dinge, die um uns herum passieren, sich eine Meinung zu

Viele Zehntausend Kriegsgegner auf einer Demonstration

bilden, das schadet nicht. Und dazu gehört auch, einmal zu protestieren.

Eine naive Frage: Wäre es nicht einfacher, die Bürger würden sich nicht einmischen?

Sie würden alles laufen lassen und es „denen da oben" überlassen? Unseren Repräsentanten, die wir gewählt haben? Wenn es einem egal ist, wie man lebt, kann man das tun. Manche Kritiker unseres Systems behaupten, das sei ja heute schon so, die Parteien hätten zu viel Macht, die Politiker bildeten eine eigene starke Schicht, die nicht mehr wisse, was die Leute wirklich wollen. Außerdem zweifeln sie an der Kompetenz der Politiker, die letztlich nur an ihrer eigenen Karriere, ihrer eigenen Macht interessiert seien.

Sind alle Politiker so? Wahrscheinlich nicht, aber wenn es so wäre, ist es umso wichtiger, dass wir alle Politiker werden; wenn wir am öffentlichen Leben teilnehmen, Formen der Teilnahme und des Eingreifens entwickeln, wie zum Beispiel in Bürgerinitiativen, Schülerparlamenten, Nachbarschaftsversammlungen, Gruppen in Betrieben und Wohngebieten, können wir Druck auf die Politik ausüben. All das ist eine Form der politischen Mitsprache und Beteiligung, am öffentlichen Leben nämlich, und damit verteidigen wir unsere eigenen Interessen in unserem Lebensumfeld und kontrollieren die Politiker mit. Denn sie haben größere Chancen bei der nächsten Wahl, wenn sie auf die Bürgerwünsche positiv reagieren und sie umsetzen.

Vom eigenen Haus zum Welt-Haus – Einigkeit macht stark

Der Bundespräsident, der Bundeskanzler, der Außenminister als der zuständige Fachminister, aber auch die anderen Minister und Ministerinnen in der Regierung reisen ziemlich oft in der Welt herum. Dabei geht es nicht (oder nicht nur) um Höflichkeit und Freundschaft, sondern um gegenseitigen Nutzen. Die Vertreter Deutschlands sprechen mit denen anderer Staaten, um gute Beziehungen zwischen den Ländern zu pflegen, Geschäfte zum gegenseitigen Vorteil abzuschließen und sich bei drohenden Gefahren gegenseitig zu unterstützen.

Der Wirtschaftsminister reist in ein arabisches Land und schließt Verträge über Öllieferungen ab. Im Gegenzug werden deutsche

Firmen Anlagen zur Wasseraufbereitung liefern. Die deutsche Regierungschefin besucht Polen, um Fragen zu besprechen, die das Verhältnis zwischen den beiden Nachbarländern beeinträchtigen. Manchmal geht es um Hilfe, wenn etwa die Ministerin für Entwicklungshilfe ein von einer schweren Flutkatastrophe heimgesuchtes asiatisches Land besucht, um zu sehen, wie und wo deutsche Hilfe am schnellsten wirken könnte.
Die Kalender der Ministerinnen, Minister und hohen Regie-

Was ist Diplomatie?

Das Wort kommt aus dem Griechischen und bedeutet „Kunst der Verhandlung". Fast jedes Land ist in anderen Staaten durch Botschaften vertreten. Darin arbeiten Diplomaten und Diplomatinnen, die die Interessen ihres Heimatlandes im Gastland vertreten. Dazu gehört zum Beispiel Hilfe für deutsche Bürger im Ausland, wenn sie Pass oder Geld verloren haben. Oft werden die Chefs der ausländischen Vertretungen von Staatsmännern gebeten, dringende, meist geheime Mitteilungen (Botschaften) an die Regierung zu Hause zu überbringen, um Probleme zwischen Ländern lösen zu helfen. Botschaften oder, wie es auch heißt, diplomatische Vertretungen sind ein wichtiges Instrument in der Außenpolitik und daher dem Außenministerium unterstellt. Diplomaten handeln mit ihren Partnern aus anderen Ländern auch Verträge aus, die dann von Ministern oder Regierungschefs beschlossen und damit gültig werden.

rungsbeamten sind voll mit Reiseterminen. Es geht um Geschäfte, es geht um Verkehrsentwicklung, es geht um Kultur, um Sport, um Bildung, um Forschung und Entwicklung und vieles mehr, das Deutschland mit anderen Ländern in der Welt verbindet. Das alles gehört zur Außenpolitik.

Das „Europäische Haus"

Durch Deutschland fährt man mit dem Auto von Süden nach Norden grob geschätzt einen Tag. Quer durch Europa würde man vom südlichsten Punkt ohne Stopps und Pausen bis zum Nordkap in Norwegen fünf Tage brauchen. Viele unterschiedliche Länder, darunter sehr viele kleine, gibt es auf diesem Erdteil. Insgesamt 700 Millionen Menschen leben in Europa, die über 60 verschiedene Sprachen sprechen.

„Passport please!", „Passeport s'il vous plait!", „Passaporto prego!", „Haben Sie etwas zu verzollen?" hieß es noch vor nicht

allzu langer Zeit, wenn man nach England, Frankreich, Italien oder in sonst ein europäisches Land in Urlaub fuhr oder nach Deutschland zurückkehrte. An vielen europäischen Grenzen gab es lange Staus in den Ferienzeiten.

Das Reisen durch Europa ist einfach geworden, die Schlagbäume an den Grenzen sind gefallen. Deutschland lebt zusammen mit inzwischen 26 anderen Staaten in einem politischen Bündnis, der Europäischen Union.

Europäische Union: Geschichte eines Bündnisses

Als in den europäischen Staaten noch Kaiser, Könige und Fürsten regierten, hatte die Idee eines geeinten Europas keinen großen Stellenwert. Erst zu Beginn des 20. Jahrhunderts wurde öffentlich darüber nachgedacht. Die Schrecken des Ersten Weltkrieges brachten die Wende. Man kam zu dem Schluss, dass nur enge Zusammenarbeit dauerhaften Frieden und Wohlstand bringen würde. Es dauerte aber noch ein halbes Jahrhundert, bis es 1957 zu einem ersten gesamteuropäischen Bündnis kam. Deutschland und einige andere Länder schlossen sich zur EWG zusammen (Europäische Wirtschaftsgemeinschaft). Später wurde daraus die EG (Europäische Gemeinschaft). Die Europäische Union (EU) als Nachfolge-Bündnis besteht seit dem 1. November 1993. Jeder Staat in Europa hat das Recht, der EU beizutreten. Wichtigste Voraussetzungen sind: eine demokratische Staatsform, in der die Menschenrechte geachtet werden, und eine stabile Wirtschaft.

Ziele der EU

Anders als die vorangegangenen Bündnisse wollen die EU-Länder neben den wirtschaftlichen, haushaltspolitischen und sozialen Interessen auch gemeinsame Ziele in der Außen- und Sicherheitspolitik verfolgen. Als weiteres Standbein des Bündnisses soll eine einheitliche Einwanderungs- und Justizpolitik erarbeitet werden. Gemeinsam soll gegen die Drogenkriminalität und gegen illegale Zuwanderung gekämpft werden. In einem EU-Reformvertrag, der von den Mitgliedsstaaten erarbeitet wurde, wurden 2007 die Grundlagen des Bündnisses aufgeschrieben und für alle noch verbindlicher gemacht.

Wer hat in der EU das Sagen?

Beim EU-Gipfel, der alle sechs Monate stattfindet, treffen sich alle Regierungschefs der Mitgliedsländer im Europäischen Rat. Sie bestimmen über alle wichtigen und grundsätzlichen Fragen in der Außen- und Sicherheitspolitik.

Ihre Empfehlungen, Beschlüsse und Weisungen gehen an den Rat der EU (auch EU-Ministerrat), den hauptsächlichen „Gesetzgeber" der Europäischen Union. In ihm sitzen die Fachminister jedes Landes. Diese entscheiden dann nach einem sehr komplizierten Abstimmungssystem, ob zum Beispiel eine neue Eisenbahnlinie durch Europa gebaut wird, der EU-Führerschein eingeführt wird oder wie hoch die finanziellen Hilfen für die Landwirtschaft sind.

In Straßburg sitzt das gewählte Parlament der EU. Deutschland hat darin 99 Sitze. Die Macht dieser Volksvertretung und ihre Mitwirkung am Zustandekommen von Gesetzen sind allerdings nicht zu vergleichen mit den Entscheidungsmöglichkeiten des Deutschen Bundestages. Seine Zustimmung ist bei Aufnahme neuer EU-Mitglieder erforderlich, ebenso wenn Abkommen und Verträge mit anderen Staaten außerhalb des Bündnisses geschlossen werden. In Fragen der Haushalts- und Umweltpolitik entscheidet das EU-Parlament mit in enger Abstimmung mit dem EU-Ministerrat.

Eine wichtige Einrichtung ist die EU-Kommission in Brüssel, dem Hauptsitz der Union. Jedes Land hat darin einen Vertreter (Kommissar). Die Kommission soll unabhängig sein und sozusagen als EU-Exekutive darüber wachen, dass alle Mitglieder der Gemeinschaft die Regeln einhalten. Die Kommission darf dem EU-Ministerrat auch Gesetze vorschlagen. Außerdem verhängt sie zum Beispiel Strafen gegen Länder, die zu viele Schulden machen, oder gegen Umweltsünder.

Der Europäische Gerichtshof in Luxemburg wacht darüber, dass die europäischen Gesetze eingehalten werden. An ihn kann sich jede Regierung und jeder Bürger der EU wenden.

EU-Gebäude in Brüssel

„Die EU – ein Monstrum! Niemand weiß, wer da wirklich regiert! Die Steuerzahler kostet es immer mehr Millionen, dass Zehntausende EU-Beamte ein fettes Gehalt fürs Nichtstun bekommen. EU-Kommissare, Ministerrat und EU-Rat wursteln vor sich hin, der normale Bürger blickt nicht mehr durch. Das Prinzip ist Unübersichtlichkeit und Chaos! Jahr für Jahr werden sinnlos Tonnen von Papier bedruckt. Im Deutschen Bundestag wird über Gesetze aus Brüssel entschieden, ohne dass ein Abgeordneter sie gelesen hätte. Monat für Monat werden die europäischen Verbraucher von Brüssel aus mit immer neuen Verordnungen und Richtlinien gequält! Ständig wird ihnen gesagt, was sie zu tun und zu lassen haben. Sie werden für unfähig erklärt, ihre Entscheidungen selber zu treffen. Diese Entmündigung kann so nicht weitergehen! Das Ganze ist ein Skandal!"

So oder ähnlich lauten die Argumente mancher Kritiker. Am liebsten wollen sie die EU wieder abschaffen oder zumindest ganz anders gestalten.

Leben und arbeiten, wo man will

Eine gemeinsame Politik mehrerer Staaten, wie sie in der EU angestrebt wird, ist natürlich eine komplizierte Angelegenheit. Die einzelnen Staaten sind selbstständig und haben eigene Regierungen. Da ist der Streit vorprogrammiert.

Auch die schärfsten Kritiker können aber nicht übersehen, dass es eine Reihe von Verbesserungen für das Leben der EU-Bürger gegeben hat. Viele Hundert Verträge sind zwischen den Mitgliedsstaaten geschlossen worden. Im Schengener Abkommen zum Beispiel ist der freie Reise- und Zollverkehr innerhalb der Union geregelt. Die einheitliche Währung, den Euro, haben wir jeden Tag in der Hand. Schüler- und Studentenaustausch wird gefördert, jeder EU-Bürger kann leben und arbeiten, wo er will. Wenn ein deutscher Ingenieur einen Job als Brückenbau-Ingenieur in Frankreich annimmt, kann seine ganze Familie dorthin umziehen. Und wenn Bürger aus England, Spanien oder einem anderen EU-Land bei uns arbeiten und wohnen wollen, ist das kein Problem. Sie dürfen auch an Wahlen für das Stadtparlament teilnehmen oder selber für ein Amt kandidieren.

Das Straßburger EU-Parlament

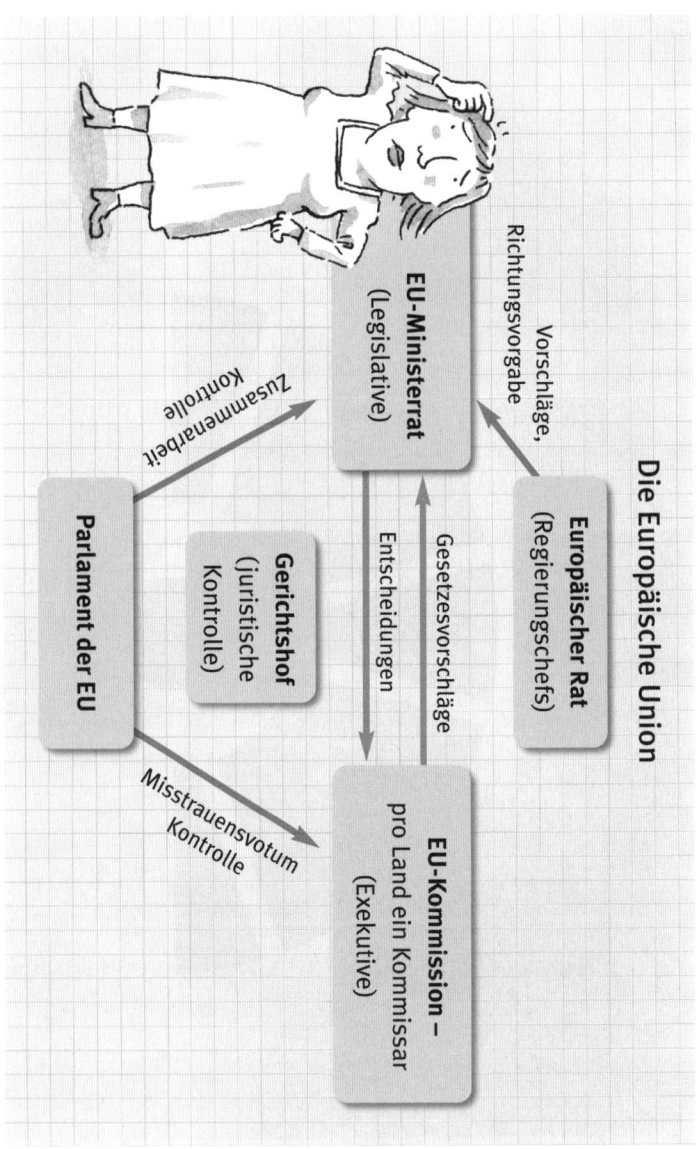

Die Europäische Union

EU-Ministerrat
(Legislative)

Europäischer Rat
(Regierungschefs)

Vorschläge,
Richtungsvorgabe

Parlament der EU

Gerichtshof
(juristische
Kontrolle)

Zusammenarbeit
Kontrolle

Entscheidungen

Gesetzesvorschläge

EU-Kommission –
pro Land ein Kommissar
(Exekutive)

Misstrauensvotum
Kontrolle

Das „Welt-Haus"

27 Staaten (Stand 2007) sind im EU-Bündnis versammelt – 192 Staaten in der UNO* *(United Nations Organization* = „Vereinte Nationen"). Neben dem **Schutz der Menschenrechte** ist das Hauptziel der Organisation, den **Frieden auf der Welt** zu sichern. Sie macht globale Politik, Weltpolitik, hat aber keine Möglichkeit, dafür Gesetze

zu schaffen oder diese durchzusetzen. Sie ist keine Weltregierung. Sie kann nur vermitteln und versuchen, dafür zu sorgen, dass die Staaten friedlich miteinander umgehen. Wenn das nicht klappt, kann sie „Blauhelme" in ein Krisengebiet entsenden. Das ist eine UN-Friedenstruppe, die zum Beispiel an einer gefährlichen Grenze dafür sorgt, dass verfeindete Parteien nicht auf-

I Das Symbol der UNO, das sich auch auf der UN-Flagge befindet

einander schießen. Diese Truppe ist an vielen Stellen auf der Welt im Einsatz, zum Beispiel im Balkan und im Nahen Osten. Sie trägt zwar Waffen, aber nur, um sich selber zu verteidigen. In kriegerische Konflikte greift sie nicht direkt ein.

Im „Welt-Haus" arbeiten zahlreiche Unterorganisationen wie das Kinderhilfswerk UNICEF *(International Children's Emergency Fund)* oder die Weltgesundheitsorganisation WHO *(World Health Organization)*. Auch haben die Vereinten Nationen einen Internationalen Gerichtshof* eingerichtet, der seinen Sitz im holländischen Den Haag hat.

Der **Sicherheitsrat** der UNO ist eine Art Schiedsrichter und kann, wenn von keinem seiner Mitglieder ein Einspruch (Veto) erfolgt, sogar Strafmaßnahmen gegen bestimmte Länder verhängen. Dem Sicherheitsrat gehören fünf ständige Mitglieder (USA, Russland, China, Frankreich und England) an und zehn weitere, die immer wieder wechseln.

Warum gibt es Krieg?

In der Statistik der UNO werden alleine in der Zeit nach dem Zweiten Weltkrieg von 1954 bis 1992 weltweit 184 Kriege mit über zwölf Millionen Toten aufgeführt. Und das war, wie die Fachleute sagen, eine vergleichsweise ruhige Zeit. Zu den Stichworten aus den Schlagzeilen der letzten Jahre gehören:

Iran, Irak, Israel, Palästina, Libanon, Somalia, Sudan, Afghanistan, Lateinamerika, Balkan, Tschetschenien, Georgien …

Die Auslöser für die Kriege und Formen von Kriegen sind vielfältig. Es gibt, um nur einige herauszugreifen, die Angriffs- oder Verteidigungskriege, die Kriege um Rohstoffe und andere Güter, die Eroberungskriege um Gebiete, die Kriege um des Glaubens willen oder man führt Krieg, um dem anderen zuvorzukommen (Präventivkriege). Wenn es sich um einen Krieg zwischen unterschiedlichen Volksgruppen innerhalb eines Staates handelt, spricht man von Bürgerkrieg.

In den meisten Fällen entstehen Kriege, wenn die Vertreter der Staaten, die Regierungen und die Politiker – aus welchen Gründen auch immer – nicht mehr in der Lage sind, miteinander zu reden und Streitigkeiten friedlich zu regeln. Sie überlassen es im schlimmsten Falle den Militärs, den Konflikt mit Gewalt zu entscheiden. Wurde das in früheren Jahrhunderten mit Schwertern, Lanzen und Bögen getan, später mit Gewehren, Kanonen, Bomben und Raketen, so gibt es heute Atomwaffen, biologische und chemische Waffen, die ganze Völker auslöschen und große Teile der Erde auf Jahrzehnte und Jahrhunderte unbewohnbar machen können.

Daher wird der „Krieg dem Krieg", die Verhinderungspolitik, immer wichtiger. Viele Armeen in der Welt sind heute dazu da – jedenfalls wird es von den Politikern oft behauptet –, „präventiv" (vorbeugend) zu wirken, einem möglichen Gegner von vornherein zu signalisieren: Bis hierher und nicht weiter, sonst geht's dir dreckig!

Protest gegen den Krieg

Anfang Februar 2003 fand in Berlin eine große Demonstration gegen den präventiven Irak-Krieg der USA und ihrer Verbündeten statt. Man hatte mit 50 000 Teilnehmern gerechnet, es kamen mehr als zehnmal so viele Menschen. Die Friedensbewegung vereinte Menschen mit sehr verschiedenen Überzeugungen. Unter anderem sangen die Liedermacher Hannes Wader, Reinhard Mey und Konstantin Wecker, die seit Jahrzehnten in ihren Liedern vor Gewalt und Krieg warnen.

Vorbeugen und Abschrecken

Nach dem Zweiten Weltkrieg* war es zunächst sowohl für die Siegermächte als auch für Deutschland selbst unvorstellbar, dass die Deutschen wieder eine eigene Armee besitzen sollten. Von deutschem Boden durfte nie wieder ein Krieg ausgehen, darin waren sich alle einig. Im Grundgesetz der jungen Bundesrepublik Deutschland kam bei der Gründung im Jahre 1949 das Wort „Armee" auch gar nicht vor.

Das änderte sich, als die Bundesrepublik dem ebenfalls 1949 gegründeten Nordatlantikpakt (NATO)* beitrat. Die NATO war im beginnenden Kalten Krieg als politisch-militärisches Verteidigungs- und Abschreckungsbündnis gedacht. Die kommunistischen Staaten, zusammengeschlossen im Warschauer Pakt*, sollten davon abgehalten werden, einen Krieg gegen die westlichen Staaten zu führen.

| Ein Bundeswehrsoldat sichert Gelände in Afghanistan.

Die Bundeswehr, wie die deutsche Armee bei ihrer Gründung 1955 benannt wurde, soll, so wurde es im Grundgesetz festgeschrieben, nur zu Verteidigungszwecken und zur Erhaltung des Friedens dienen. Sie darf kein anderes Land angreifen. Sie ist dazu da, Deutschland oder eines der anderen NATO-Länder gegen Angreifer von außen zu schützen.

Die veränderten Aufgaben

Durch den Staub der afghanischen Wüste quälen sich gepanzerte Wagen; im östlichen Mittelmeer kreuzt ein Schiff der Bundesmarine; am Grenzposten in einer Stadt auf dem Balkan haben Soldaten große Mühe, aufgebrachte Demonstranten zurückzuhalten.

Politik ändert sich, muss sich immer neuen Gegebenheiten anpassen. Nach der Wiedervereinigung Deutschlands 1990, dem Ende des Kalten Krieges und dem Zusammenbruch des Warschauer Paktes, dem Wegfall der (angeblichen) kommunistischen Bedrohung, entstanden für die NATO und damit auch für die Bundeswehr neue Aufgaben wie etwa der Einsatz zur Friedenssicherung nach den Jugoslawien-Kriegen auf dem Balkan in den 90er-Jahren des 20. Jahrhunderts.

War es in den Jahrzehnten nach dem Zweiten Weltkrieg für die internationale und auch für die deutsche Öffentlichkeit noch ganz undenkbar, dass je wieder deutsche Soldaten irgendwo in der Welt auftauchen und sich in Kriege einmischen würden, und sei es auch nur, um den Frieden herbeizuführen und zu sichern, so hatte sich das geändert. Organisationen wie die UNO und die NATO übertrugen den deutschen Streitkräften neue Aufgaben in den Krisenherden der Welt.

Insbesondere nach den Terroranschlägen vom 11. September 2001 in New York, bei denen über 3 000 Menschen starben, wurde auch die deutsche Außen- und Sicherheitspolitik entscheidend verändert. Die USA erklärten dem Terror den Krieg. Da in Afghanistan die Planer der New Yorker Anschläge vermutet wurden, marschierten amerikanische Truppen in das Land ein. Später schickte die UNO eine Friedenstruppe, der auch deutsche Soldaten angehören. Seither ist in Deutschland, in den Medien, in der Bevölkerung und in den Debatten des Deutschen Bundestages eine lebhafte Diskussion im Gange: Was haben wir dort zu suchen? Sollen deutsche Soldaten jetzt überall auf der Welt eingreifen? Das können wir nicht, das ist viel zu teuer, das ist nicht Auftrag der Bundeswehr!

Internationale Bühne, Einsätze auf der ganzen Welt – die Staaten können sich nicht mehr oder nur noch schwer aus dem all-

Terroranschlag durch Mitglieder des islamischen Terrornetzwerkes Al Qaida am 11. September 2001 in New York, bei dem über 3000 Menschen ums Leben kamen

gemeinen Weltgeschehen heraushalten. Keiner kann mehr so tun, als sei er alleine, ohne Interesse daran, was bei den Nachbarn passiert. Politik und Wirtschaft aller Länder der Welt sind miteinander verflochten und so betreffen auch Kriege nicht nur die Länder, in denen sie stattfinden.

Die Bekämpfung des internationalen **Terrorismus** ist in der Politik ein vorherrschendes Thema geworden. Wöchentlich liest und hört man von grausamen Anschlägen und Entführungen durch Terroristen, die ihre Ziele gewaltsam durchsetzen wollen. Sie wollen aus politischen oder religiösen Gründen eine andere und ihrer Meinung nach bessere Welt schaffen. Auch das brutalste Vorgehen, besonders gegen unschuldige Menschen, ist ihnen dabei recht. Eine besonders unberechenbare Form des Terrorismus sind die sogenannten Selbstmordattentate, bei denen Terroristen ihr eigenes Leben opfern, indem sie sich zum Beispiel in die Luft sprengen und möglichst viele andere mit in den Tod reißen.

In der jüngeren Geschichte gibt es zahlreiche Beispiele, in denen sich Terroristengruppen als Widerstands- und Befreiungskämpfer bezeichnen. Mit ihrem Kampf wollen sie die Unabhängigkeit eines Landesteils erreichen (zu nennen wären Spanien, Nordirland, der Nahe und Mittlere Osten oder einige südamerikanische oder südostasiatische Länder). Terrorismus, Gewalt und das Töten unschuldiger Menschen sind aber keine Lösung für politische Konflikte.

Wir und die Fremden

Verdammter Kanake!?

In Jans Fußballmannschaft vom Verein „Rote Adler" spielen fünf Ausländer: Lando aus Angola, Nuri aus Afghanistan, Boris und Ilija aus Bosnien sowie Sergej aus Kasachstan. Als sie gegen den Nachbarverein „Schwarz-Gelb Südstadt" spielen, sind insgesamt neun Spieler ausländischer Herkunft auf dem Platz. In vielen Bundesligavereinen sind es noch mehr. Etliche Vereine in Deutschland könnten zumachen, wenn keine Ausländer in ihren Mannschaften spielen dürften.

Rufe der Fans hallen über den Platz: „Gut gespielt, Boris!" – „Verdammter Kanake!" – „Schiedsrichter, stell den Iwan vom Platz!" – „Ausländer raus!" – „He, Lando, nicht so lahm, sonst machen wir dir Feuer unterm Arsch!" Kaum einer von den Sprücheklopfern hat das kurze Zögern des angolanischen Jungen bemerkt, bevor er weiter hinter dem Ball hersprintet. Keiner von ihnen weiß, dass zwei Geschwister Landos und seine Eltern verbrannten, als ihr Haus in einer Vorstadt von Luanda von einer Rakete der Rebellen getroffen wurde. Schlepper brachten ihn in vier Monaten zusammen mit anderen Flüchtlingen[*] quer durch den afrikanischen Kontinent bis zur Küste von Marokko, dann mit einem Fischerboot nach Sizilien. Für die meisten war dort Schluss; Lando durfte weiter bis nach Köln, wo Verwandte von ihm auf dem Großmarkt arbeiten.

Die meisten Fußballfans am Spielfeldrand wissen auch nichts von den Sorgen des 17-Jährigen: Sein Antrag auf Asyl ist abgelehnt worden und in drei Monaten, wenn er 18 wird, hat er die sogenannte Duldung verloren. Dann wird er wahrscheinlich zurück nach Angola abgeschoben, denn er gilt, da der Bürgerkrieg in Angola für die deutschen Behörden beendet ist, nicht als politischer Flüchtling. Für Kinder und Jugendliche gibt es dabei keine Sonderregelungen. Sie müssen zurück.

Gegner der Abschiebung demonstrieren.

Europa – eine Festung?

Lando teilt sein Schicksal mit vielen Tausenden anderer Flüchtlinge, die zurzeit aus vielen Teilen der Welt versuchen, in eines
der Länder der Europäischen Union zu kommen. Immer wieder
berichten Zeitungen und Fernsehen über „Boatpeople", die
von Küstenschutz-Booten vor spanischen oder italienischen
Inseln aus dem Atlantik oder aus dem Mittelmeer gefischt
werden. Da die Lebensbedingungen in ihren Heimatländern
katastrophal und sie von Hunger und Krieg bedroht sind,
nehmen die Menschen das Risiko einer lebensgefährlichen
Fahrt in unsicheren Fischerbooten auf sich, um in ein EU-Land
zu gelangen, wo sie und ihre Familien vermeintlich besser
leben können.
Niemand hat ihnen erzählt oder sie wollen es nicht wahrha-
ben, dass die Europäische Union ihre Außengrenzen durch ste-
tige Aufrüstung schützt, dass die See- und Landwege inzwi-

Was bedeutet Asyl?
Das aus dem Griechischen stammende Wort bedeutet
„Heim", „Unterkunft" oder „Zuflucht". Ein Asylant ist
jemand, der Zuflucht in einem fremden Land sucht. In seiner
Heimat wird er wegen seiner politischen oder religiösen
Überzeugung verfolgt, eingesperrt und sogar mit dem Tode
bedroht. Laut Artikel 16 des deutschen Grundgesetzes
genießen politisch Verfolgte Asylrecht.

schen militärisch bewacht werden und dass in den letzten Jahren zahlreiche sogenannte Auffanglager in Nordafrika, aber auch in süd- und osteuropäischen Ländern eingerichtet wurden. Dort sollen die Flüchtlinge zunächst festgehalten und dann wieder abgeschoben werden, damit sie nur ja nicht den Boden eines EU-Landes betreten können. Allein in Marokko sind über 11 000 Polizisten im Einsatz, um gegen sogenannte illegale Einwanderer vorzugehen. Sie werden eingesperrt, wie Verbrecher behandelt. Ihr einziges „Vergehen" besteht darin, in einem europäischen Land Schutz vor Verfolgung zu suchen und dem Elend zu entgehen. Kritiker sprechen inzwischen von der „Festung Europa", die hier mit militärischen Mitteln aufgebaut werde. Soll so der Flüchtlingsschutz ganz abgeschafft werden? Dies wäre ein eindeutiger Verstoß gegen die Genfer Flüchtlingskonvention[*].

Grundrecht auf Asyl

Das Grundrecht auf Asyl ist in unserer Verfassung ausdrücklich festgeschrieben. Das geschah nicht zuletzt deshalb, weil in der Zeit des Nationalsozialismus von 1933 bis 1945 Hunderttausende Juden und politisch Verfolgte aus Deutschland fliehen mussten. Sie haben diese Zeit nur überlebt, weil andere Länder, zum Beispiel Amerika, ihnen Asyl gewährt haben.

Allerdings scheinen viele Menschen das zu vergessen. Als in den 90er-Jahren des 20. Jahrhunderts sehr viele Flüchtlinge nach Deutschland kamen, wurde die Forderung an die Politiker lauter, dem einen Riegel vorzuschieben. Unser Land könne schließlich nicht unbegrenzt Fremde aufnehmen, finden insbesondere politisch Rechtsgerichtete.

Es gab und gibt bis heute Fremdenhass in Deutschland. In manchen Städten oder Stadtteilen haben vor allem Menschen mit dunkler Hautfarbe Angst, nach Einbruch der Dunkelheit alleine auf die Straße zu gehen. Zeitungen und Fernsehmagazine berichten regelmäßig über fremdenfeindliche Übergriffe. Oft sind es rechtsradikale Jugendliche, die im Zusammenhang mit solchen Taten auffallen.

Zahlreiche Initiativen gegen Fremdenfeindlichkeit und Ausländerhass haben sich gebildet und machen auf das gesellschaftliche Problem aufmerksam. Sie vertreten die Auffassung **Fremdenfeindlichkeit ist keine Erfindung derer, die fremdenfeindlich sind, sondern ein Versagen derer, die nichts dagegen tun.**

Kleiner Rückblick:

Als Deutschland nach dem verlorenen Krieg in den 50er-
und 60er-Jahren des letzten Jahrhunderts wieder aufgebaut
wurde, brauchte man jede Menge Arbeitskräfte. In unserem
Land gab es nicht genug, daher kamen Millionen Italiener,
Spanier, Griechen und Türken auf Einladung der Politiker zu
uns. Im Volksmund hießen sie bald „Gastarbeiter". Sie ver-
dienten hier mehr Geld als in ihren Heimatländern. Viele
von ihnen blieben, nachdem die Aufbauarbeit getan war,
mit ihren Familien hier. Sie arbeiteten in deutschen Firmen,
machten eigene Restaurants auf und ihre Kinder wurden
Deutsche. Es kam zu regem Austausch, denn viele Deutsche
machten inzwischen Urlaub in den Ländern der „Gastarbeiter". Das Zusammenleben zwischen den Einheimischen und
Fremden funktionierte in Zeiten, als es allen gut ging. Kaum
fehlten Arbeitsplätze, hörte man von deutschen Bürgern
auch schon vor vielen Jahren den Ruf „Die nehmen uns den
Job weg, die sollen zurück!".

Wir sind eine Welt – die Globalisierung

Die Entfernungen sind geschrumpft, in kurzer Zeit kann, nicht nur virtuell mithilfe des Internets, fast jedes Land und jeder Punkt auf dem Globus erreicht werden. In Zentralafrika sind an einem bisher unbekannten Virus mehrere Menschen gestorben. Früher hätten keine Zeitung und kein TV-Sender darüber berichtet. Heute macht sich sofort in Europa die Angst breit, dass Flugreisende das Virus einschleppen könnten.

Wenn Michael sein neues Sweatshirt anschaut, findet er chinesische Schriftzeichen auf dem Etikett. Vielleicht lag das Shirt letzte Woche noch in einer Lagerhalle in Nordchina oder Indien, heute wird es in einem Discounthaus einer deutschen Innenstadt zu Billigstpreisen verkauft. Dank des „weltumspannenden" Handels funktioniert das.

Für die enge Verflechtung von Politik, Wirtschaft, Gesellschaft und Kultur wurde das Wort „Globalisierung" geprägt. Vor allem in der Wirtschaft spielt sie eine zentrale Rolle. Die Großkonzerne, die Industrie treiben Handel mit der ganzen Welt. Ein Mausklick, ein Anruf und Millionensummen wandern hin und her, tausend Tonnen Kaffee oder Baumwolle, Millionen Hemden „made in Taiwan" werden per Internet bestellt. Deutsche Unternehmen und die Konzerne anderer Industriestaaten bauen ihre Fabriken im Ausland, in den Entwicklungsländern und in Osteuropa, wo sie weniger Steuern zahlen. Die Arbeitskräfte in diesen Ländern erhalten nur einen Bruchteil von dem Lohn, den ihre europäischen Kollegen bekommen. Die

Waren werden in den ärmeren Ländern produziert und in den reicheren billig verkauft. Auch Kinder müssen auf Plantagen oder in Textilfabriken arbeiten, damit die Familien in den Entwicklungsländern das Nötigste haben.

Kurz: Die Globalisierung nutzt, wie Kritiker sagen, vor allem den Reichen.

Aber ohne die Globalisierung hätten die Menschen in den ärmeren Ländern gar nichts, entgegnen die Befürworter. Sie schafft Arbeitsplätze, man muss sich eben in den reichen Ländern, wo Arbeitsplätze verloren gehen, darauf einstellen.

Das Für und Wider wird immer lauter, das Thema lässt sich nicht mehr ignorieren und in der Politik der Regierungen spielt

Ohne die Arbeit der Kinder ist das Überleben für die Familien in den ärmsten Ländern der Welt kaum möglich.

Im Sommer 2007 versammelten sich in Rostock über 100 000 Gegner der Globalisierung. Sie demonstrierten gegen ein Treffen der acht mächtigsten Staatsmänner der Welt auf dem sogenannten G8-Gipfel (vom englischen „Great Eight"), der im Ostseebad Heiligendamm stattfand. Der weltweite Handel dürfe nicht mehr zulasten der armen Länder gehen, forderten die Gegner des Gipfels. Außerdem könnten nicht nur die reichen Industriestaaten über Themen wie zum Beispiel den Klimaschutz sprechen, von denen ein Großteil der Menschen auf der Welt betroffen ist.

Mehrere weltweit operierende Organisationen haben sich gebildet, die sich darum bemühen, dass es im Handel zwischen den Ländern fair und gerecht zugeht. Vielleicht findet sich auf Jans neuem Fußball der Aufdruck „TransFair". Damit soll garantiert werden, dass bei der Produktion dieses Artikels keine Arbeiter ausgebeutet wurden. Die „Eine-Welt-Bewegung" arbeitet in der ganzen Welt und achtet auf Missstände, die durch die Globalisierung entstehen.

es eine große Rolle – nicht nur in der Wirtschaftspolitik, sondern ebenso in der Umwelt- und Klimapolitik, in der Kultur- und Bildungspolitik. Der Grund ist klar: **Wir sind eine Welt!** Diese Welt müssen wir gemeinsam und fair gestalten.

Glossar

Bundes-kanzler/-in	*Chef oder Chefin der Bundesregierung. Der Bundestag wählt den Bundeskanzler oder die Bundeskanzlerin für vier Jahre.*
Bundes-präsident	*Er ist das deutsche Staatsoberhaupt. Seine wichtigste Aufgabe ist die Vertretung Deutschlands im Ausland. Neue Gesetze werden nur mit seiner Unterschrift gültig. Außerdem ernennt er den vom Bundestag gewählten Bundeskanzler und die Minister und kann in Ausnahmesituationen den Bundestag auflösen. Er wird für fünf Jahre gewählt.*
Bundesrat	*Diese Kammer ist die Vertretung der Bundesländer in Berlin. Der Bundesrat entscheidet unter anderem bei der Gesetzgebung mit.*
Bundesregierung	*Sie besteht aus dem/der Bundeskanzler/-in und den Bundesministern. Sie hat ihren Sitz in Berlin und leitet den Staat.*
Bundesrepublik Deutschland	*Entstand 1949 auf dem Gebiet der westlichen Siegermächte. Seit der Wiedervereinigung 1990 ist die Bundesrepublik der einzige deutsche Staat.*
Bundesstaat	*Mehrere Länder verbinden sich zu einem Gesamtstaat, erkennen dabei ein Staatsoberhaupt und eine oberste Regierung an.*
Bürgerbegehren	*Siehe Volksentscheid.*
Bürgerinitiative	*Menschen, die sonst vielleicht ganz unterschiedliche Interessen haben, tun sich zusammen, um zum Beispiel gegen den Bau eines Industriewerks in ihrem Wohngebiet (mit Unterschriftensammlung, Demonstration usw.) zu protestieren.*

Demokratie	*Herrschaftsform, in der die Staatsgewalt vom Volk ausgeht. Die Bürgerinnen und Bürger wählen für eine bestimmte Zeit Personen und Parteien, von denen sie regiert werden wollen. Der Staat, seine Bürger und seine Regierung sind an geltende Gesetze und die Verfassung gebunden.*
Deutsche Demokratische Republik (DDR)	*Sie entstand 1949 aus der damaligen sowjetischen Besatzungszone (SBZ) auf dem Gebiet der heutigen Bundesländer Brandenburg, Mecklenburg-Vorpommern, Sachsen, Sachsen-Anhalt und Thüringen sowie des Ostteils von Berlin. Die DDR, in der eine einzelne Partei, die SED, herrschte, bezeichnete sich als sozialistischer Arbeiter- und Bauernstaat. In Wirklichkeit aber handelte es sich um eine Diktatur mit ab 1961 abgeriegelten Grenzen. 1989 fiel die Grenze nach Protesten und Demonstrationen. Die DDR und die Bundesrepublik Deutschland vereinigten sich am 3. Oktober 1990.*
Diktatur/ Diktator	*Die Macht im Staat liegt nicht beim Volk, sondern bei einer einzelnen Person, dem Diktator, oder einer Partei.*
Erster Weltkrieg (1914–1918)	*Einer der schlimmsten militärischen Konflikte des 20. Jahrhunderts, ausgelöst durch Machtkämpfe zwischen den großen europäischen Mächten Deutsches Reich, Frankreich, Großbritannien, Österreich-Ungarn und Russland. Über die genannten Länder hinaus waren noch zahlreiche kleinere Staaten beteiligt. Deutschland und seine Verbündeten verloren den Krieg.*
EU (Europäische Union)	*Wirtschaftliches und politisches Bündnis mit den Mitgliedsstaaten Belgien, Bulgarien, Dänemark,*

Deutschland, Estland, Finnland, Frankreich, Griechenland, Irland, Italien, Lettland, Litauen, Luxemburg, Malta, Niederlande, Österreich, Polen, Portugal, Rumänien, Schweden, Slowakische Republik, Slowenien, Spanien, Tschechische Republik, Ungarn, Vereinigtes Königreich (Großbritannien) und dem griechischen Teil Zyperns (Stand 2007).

Faschismus | *Politische Bewegung, die 1919 in Italien von Benito Mussolini gegründet wurde. Sie lehnte die Demokratie ab und ordnete die Freiheit des einzelnen Menschen dem Willen des Staates und seines Führers unter. Das Ergebnis waren Terror und Unterdrückung. Der* **Nationalsozialismus** *in Deutschland orientierte sich am Faschismus, ebenso wie andere politische Bewegungen und Parteien überall in Europa.*

Flüchtlinge | *In der Vergangenheit und in der Gegenwart gab und gibt es große Ströme von Tausenden und Millionen Flüchtlingen auf der Suche nach Sicherheit und einem besseren Leben. Sie werden bedroht wegen ihrer Nationalität, ihrer Religion, ihrer politischen Ansichten, sie fliehen vor Kriegen, Bürgerkriegen und Naturkatastrophen. Die UNO hat eine spezielle Stelle für die Hilfe für Flüchtlinge eingerichtet, die UNHCR.*

Fraktionen | *Vertreter einer Partei werden in eine Volksvertretung gewählt und bilden dort eine Fraktion. Manchmal bilden Mitglieder von zwei Parteien eine Fraktionsgemeinschaft, wenn sie ähnliche politische Ansichten und Ziele haben. Eine solche Gemeinschaft muss allerdings mindestens fünf Prozent aller im Bundestag vertretenen*

	Abgeordneten ausmachen. CDU und CSU bilden im Deutschen Bundestag eine Fraktions-gemeinschaft.
Genfer Flücht-lingskonvention	*Dieses Abkommen von 1951 regelt die rechtliche Stellung von Flüchtlingen. Nach den neusten Zahlen des UNHCR sind zurzeit weltweit etwa 20 Millionen Menschen auf der Flucht.*
Gewerkschaften	*Im Zeitalter der Industrialisierung, das etwa vor 150 Jahren begann, verarmten die Arbeitermas-sen immer mehr. Daher schlossen sie sich zu Selbsthilfe- und Schutzvereinen zusammen. Aus diesen Vereinen entwickelten sich in den ersten beiden Jahrzehnten des 20. Jahrhunderts die Ge-werkschaften. Sie wurden nach und nach als Ver-treter der Arbeiter und Angestellten gesell-schaftlich anerkannt. Jede Berufsgruppe hat ihre eigene Gewerkschaft. Sie handelt unter anderem mit den Arbeitgebern die Tarife aus, in denen gerechter Lohn und faire Arbeitsbedingungen festgelegt werden. Die meisten Einzelgewerk-schaften sind im Deutschen Gewerkschaftsbund (DGB) zusammengeschlossen.*
Grundgesetz (GG)	*Die Verfassung unseres Landes, der Bundes-republik Deutschland. Jede Bürgerin, jeder Bürger, alle Behörden und Gerichte müssen sich daran halten und kein Gesetz darf ihm wider-sprechen. Grundlegende Menschen- und Bür-gerrechte sind im Grundgesetz niedergelegt.*
Internationaler Gerichtshof	*Dieses Gericht gehört zur UNO und hat seinen Sitz in Den Haag. Zu seinen Aufgaben gehört es, Streitigkeiten zwischen Staaten zu schlichten. Außerdem prüft er im Auftrag der UNO, ob in einem Krieg Kriegsverbrechen begangen wurden.*

Kalter Krieg	*Nach dem Zweiten Weltkrieg entstand in der Weltpolitik ein westliches, kapitalistisch-demokratisches Lager unter Führung der USA und ein östliches kommunistisch-sozialistisches Lager unter Führung der Sowjetunion. Über Jahrzehnte kam es zu schweren Spannungen zwischen diesen Blöcken. „Kalt" wurde der Krieg genannt, weil es nicht zu offenen Kriegshandlungen kam – die Atomwaffen auf beiden Seiten hätten die Menschheit völlig vernichten können. Also wurden offene Auseinandersetzungen vermieden. Erst nach dem Zusammenbruch des kommunistischen Blocks und der Auflösung der Sowjetunion 1991 endete der Kalte Krieg.*
Kapitalismus	*In dieser Wirtschafts- und Gesellschaftsordnung besteht das „Kapital" in Geld, aber auch in Sachwerten. Die Besitzer, die „Kapitalisten", können mit diesem Kapital arbeiten und Produkte herstellen, mit deren Verkauf sie ihren Reichtum mehren. Im 19. Jahrhundert, als die Massen verarmten, kam es zu politischen Gegenbewegungen (siehe* **Kommunismus, Sozialismus**)*. In modernen kapitalistischen Industriestaaten wie in Deutschland schützt der Staat das Privateigentum, aber Gesetze steuern das Wirtschaftsgeschehen, damit die Menschen nicht ausgebeutet werden.*
Koalition	*Bündnis von unabhängigen Partnern oder Gruppen, die für einen bestimmten Zeitraum ein gemeinsames Ziel verfolgen. In der Politik schließen sich Parteien zu Koalitionen zusammen, wenn sie allein nicht genügend Stimmen haben, um regieren zu können.*

138

Kommunismus	*Zu einer politischen Lehre wurde der Kommunismus in der Industrialisierung im 19. Jahrhundert, als die breite Masse der Arbeiter immer mehr verarmte. Karl Marx (1818–1883) forderte das Ende der „Ausbeutung des Menschen durch den Menschen". Später kam es auf der Grundlage dieser Ideen, die von Lenin (1870–1924) weiterentwickelt wurden, 1917 zur russischen Oktoberrevolution. Es entstand die Sowjetunion mit einer kommunistischen Staats- und Gesellschaftsordnung. Sie vereinigte im Ostblock während des Kalten Krieges mehrere kleinere Staaten mit kommunistischer/sozialistischer Ordnung unter ihrer Führung. Das System scheiterte letztlich jedoch, da es den meisten Menschen über Jahrzehnte nur Unfreiheit und niedrigen Lebensstandard gebracht hatte und die staatliche Planwirtschaft mit Kontrolle aller wirtschaftlichen Prozesse immer wieder in schwere Krisen geriet. 1991 wurde die Sowjetunion aufgelöst. Seither bezeichnen sich nur noch wenige Länder als kommunistische oder sozialistische Staaten (z. B. China, Kuba, Nordkorea und Vietnam).*
Liberalismus	*Zu Beginn des 19. Jahrhunderts entstand eine politische Bewegung, die eine Einschränkung der Staatsmacht und mehr Freiheit für die Bürger forderte. Der Liberalismus (lateinisch* liber = *„frei") will den Menschen nicht vorschreiben, was sie zu denken und zu glauben haben. In der Wirtschaft sollen sie nach eigenem Nutzen handeln können. Der Markt (Angebot von Waren und Nachfrage der Käufer) soll die Regeln bestimmen.*

Lobby/ Lobbyismus	*Bestimmte Gruppen, zum Beispiel aus der Wirtschaft, aus dem Sport oder eine Vertretung von Schülern und Studenten sprechen mit Politikern. Dadurch versucht diese „Lobby" (einzelne Personen nennt man Lobbyisten), Entscheidungen der Politik im Interesse ihrer Gruppe zu beeinflussen. „Lobby" bezeichnete ursprünglich den Vorraum des englischen Parlamentsgebäudes.*
Minister/ Ministerin	*Diese Männer und Frauen sind Mitglied einer Regierungsmannschaft entweder in einer Bundes- oder einer Landesregierung. Sie werden vom Regierungschef ausgewählt und sind zuständig für ein Ministerium (Ressort) mit bestimmten Aufgabenbereichen (zum Beispiel Familie, Arbeit, Gesundheit, Außenbeziehungen).*
National- sozialismus	*Diese politische Bewegung nahm nach dem Ersten Weltkrieg ihren Anfang. Sie verfolgte extreme nationalistische und fremdenfeindliche Ziele und war antidemokratisch eingestellt. Ihr „Führer" war Adolf Hitler (1889–1945). Das Terrorregime („Drittes Reich") dieses Diktators dauerte von 1933 bis 1945 und brachte durch den Zweiten Weltkrieg und die Ausrottung von Millionen Menschen (davon sechs Millionen Juden), die in den Augen der Nazis als minderwertige Rasse galten und systematisch verfolgt und ermordet wurden, unermessliches Leid.*
NATO	*1949 wurde von den USA, Kanada und neun europäischen Staaten ein politisch-militärisches Bündnis gegründet. Die NATO (North Atlantic Treaty Organization = „Nordatlantikpakt") hatte das Ziel, einen Krieg des kommunistischen Staatenblockes gegen den Westen zu verhindern. Seit dem*

	Zusammenbruch des **Warschauer Pakts** im Jahre 1991 hat die NATO ihre Zielsetzung verändert und widmet sich vor allem Aufgaben der Sicherung von Frieden und Freiheit. Staaten aus dem ehemaligen Ostblock sind der NATO beigetreten.
Parlament	„Parlament" leitet sich vom französischen parler = „sprechen" ab und bedeutet „Volksvertretung".
Planwirtschaft (auch Zentralverwaltungswirtschaft)	Im Gegensatz zur (freien oder sozialen) Marktwirtschaft werden in der Planwirtschaft alle Vorgänge in der Wirtschaft von oben gesteuert. Die Herstellung sämtlicher Güter, aber auch die Dienstleistungen etwa im Gesundheitssystem werden nach einem Plan festgelegt. Dieses System ist langsam und unflexibel und funktioniert nicht sehr gut.
Rechtsstaat	Jeder Bürger des Landes, aber auch alle Behörden und staatliche Einrichtungen müssen in einem Rechtsstaat die Gesetze beachten.
Republik	(lateinisch res publica = „Gemeinwesen") ist eine Staatsform, in der das Volk sein Staatsoberhaupt selbst wählt.
Sozialismus	Im Mittelpunkt dieser politischen Lehre, deren Grundideen Ende des 18. Jahrhunderts entstanden, stand die Gleichheit und Brüderlichkeit aller Menschen. Sie wollte die Nachteile der ungleichen Vermögens- und Einkommensverteilung, wie sie im Kapitalismus herrschten, überwinden. Das sollte aber nicht gewaltsam geschehen, sondern schrittweise sollten die Lebensbedingungen der Menschen verbessert und ihnen eine demokratische Mitwirkung im Staat gegeben werden. Aus dieser Bewegung entstand die Sozialdemokratische Partei Deutschlands (SPD).

Es gibt sozialistische und sozialdemokratische Parteien bis heute in den modernen demokratischen Staaten Westeuropas. Eine zweite historische Strömung des Sozialismus, die sich als die revolutionäre verstand, wollte gewaltsamen Umsturz und radikalen Neuanfang im Staat. Diese politische Richtung verstand sich als Vorstufe zum **Kommunismus.** *Sie führte zur Entstehung des „real existierenden Sozialismus", wie die politische Ordnung in der Sowjetunion und anderen Staaten genannt wurde. 1990 kam es zum Zusammenbruch der meisten sozialistischen Staaten.*

Staat   *Allgemein versteht man unter einem Staat ein Volk, das (freiwillig) in einem durch Grenzen festgelegten Gebiet lebt, gebunden an Regeln und Gesetze, die man sich in diesem Staat gibt.*

UNO (United Nations Organizations)/ Vereinte Nationen   *Mit Sitz in New York 1945 gegründet; fast alle Länder der Erde gehören ihr an. Ziel der UNO ist es, bei Streitigkeiten zu vermitteln und Kriege zu verhindern. Zahlreiche Unterorganisationen der Vereinten Nationen, wie z. B. die UNICEF (Kinderhilfswerk) oder die UNESCO (Erziehung, Wissenschaft und Kultur), kümmern sich um bestimmte Bereiche.*

Verfassung   *Darin legt ein Staat fest, wie das Zusammenleben der Menschen funktionieren und wie sein politisches System aussehen soll. Die Verfassung der Bundesrepublik Deutschland ist das Grundgesetz.*

Völkerrecht   *Im Umgang und in den Beziehungen der Staaten gelten bestimmte Regeln. Diese sind im Völkerrecht festgelegt. Es ist unterteilt in Friedensrecht und Kriegsrecht. Alle UNO-Staaten haben das Völkerrecht unterschrieben.*

Volksentscheid	*In Deutschland sind Volksentscheide, also die direkte Abstimmung aller Bürger, nur in ganz wenigen Fällen möglich. Einer wäre, wenn ein Bundesland die Bundesrepublik verlassen und selbstständig werden möchte. Dann dürften alle deutschen Bürger direkt darüber abstimmen. In einzelnen Bundesländern sind Volksentscheide über bestimmte Themen möglich. Auch in Kommunen kann in sogenannten Bürgerentscheiden oder* **Bürgerbegehren** *über örtliche Probleme entschieden werden. In unseren Nachbarländern Schweiz und Österreich wie auch in manchen anderen Ländern, die weniger Einwohner als Deutschland haben, ist diese Form der direkten Demokratie verbreiteter.*
Warschauer Pakt	*Militärbündnis kommunistischer Staaten Europas, das im Jahre 1956 gegründet wurde. Der Warschauer Pakt löste sich nach dem Zusammenbruch der Sowjetunion 1991 auf.*
Zweiter Weltkrieg (1939–1945)	*Die Nationalsozialisten unter dem „Führer" und Diktator Adolf Hitler begannen den Krieg mit dem Überfall auf Polen am 1. September 1939. Insgesamt beteiligten sich aufgrund vieler Bündnisverpflichtungen an diesem weltweiten Krieg 27 Nationen. 1944 traten die USA in den Krieg gegen Deutschland ein und besiegten mit anderen Verbündeten das nationalsozialistische Deutschland. Hitler beging im April 1945 Selbstmord; Deutschland kapitulierte und ein Waffenstillstand trat am 9. Mai 1945 in Kraft. In der Folge kam es zur Teilung Deutschlands in die Bundesrepublik Deutschland und die DDR.*

Quellennachweise

akg-images, Berlin: S. 13, 15, 17, 19, 23, 46, 48

picture alliance/dpa: S. 32, 39, 72, 85, 92, 102, 105, 106, 115, 123, 126, 132

picture alliance /akg images: S. 26,

picture-alliance/ZB: S. 30, 37, 85

picture-alliance /Bildagentur Huber: S. 113

picture-alliance/dpa/dpaweb: S 117, 121

Impressum

In neuer Rechtschreibung

1. Auflage 2008
© Arena Verlag GmbH, Würzburg 2008
Alle Rechte vorbehalten
Coverillustration: Klaus Steffens
Innenillustration: Volker Fredrich
Satz: Claudia Böhme auf der Grundlage einer Gestaltung und Typografie
von knaus. büro für konzeptionelle und visuelle identitäten, Würzburg
Gesamtherstellung: Westermann Druck Zwickau GmbH
ISBN 978-3-401-06172-6

www.arena-verlag.de

Talkshows und andere Szenen in diesem Buch sind erfunden, ebenso Namen von Politikern und anderen Personen. Ähnlichkeiten wären rein zufällig. Ausnahmen sind Zitate, die als solche gekennzeichnet sind.